大田堯

いのちと学びの言葉

田中孝彦 編

大田堯

いのちと学びの言葉

もくじ

大田堯 いのちと学びの言葉

藤原書店提供

大田堯 〔おおた・たかし〕プロフィール

1918年生まれ、2018年死去。教育研究者（教育史、教育哲学）。東京大学教授、都留文科大学学長、日本教育学会会長、教育科学研究会委員長（1969－83）、日本子どもを守る会会長（1988－97）などを歴任。

教育のあり方を問い続けてきた大田の人生を追ったドキュメンタリー映画「かすかな光へ」（森康行監督）が2011年に公開された。

著作に『教育とは何か』、『大田堯自撰集成』全4巻、『百歳の遺言　いのちから「教育」を考える』など。

I

私の人生選択

わかれ道――A君へ

A君からの手紙

去年の春でした。一人の青年から突然、便りをいただきました。

先生に相談にのっていただきたい、話を聞いていただきたいと思い、お手紙を差しあげました。

ぼくはいま、X県の私立高校の三年に在籍していまして、大学進学を希望しています。大学に行くにあたって、目的意志を明確にもっていたいと思っているのですが、はっきり決めることができず悩んでいます。先生に相談にのっていただけたら幸いです。

先生は、『教育とは何か』（岩波新書）という本のなかで、「現代の子どもたちは、めあてのない欲求不満にいらだっている」とおっしゃっていましたが、ぼくは、その理由は目標となるべき大人の背中が小さくなりつつあるからではないか、と思っています。一九四五年以降の与えられた民主主義のなかの、管理社会システムのなかでなんとなく生きてきた人たち（ぼくらの世代もそうなのですが）の背中は、やはり小さく見えます。目標たるべき大人の背中が小さく見えると、子どもたちは将来に希望がもてないのです。

小さい子どもはだれでも、自分の将来に希望をもっています。「野球の選手」や「お花屋さん」、「学校の先生」や「スチュワーデス」になりたいという希望（＝夢）を。

しかし、彼らが成長し、学校という管理システムのなかに身を投じるようになると、たいていの希望は、彼ら自身のなかで「幼稚なもの」としてかたづけねばならなくなります。

ところで、五十年前の大人の背中は大きく見えたでしょうか。ぼくは、たぶん大きく見えたのではないかと思います。子どもにとって大人の背中は、自分はこう生きるのだという信念と、こう生きてきたのだという自負をたたえ、大きな背中に見えた。

なぜそのように見えたのか。それは、自分たちの社会に対する愛着と、自分と社会のつながりを明確に意識していたからではないかと思います。「世の中に役だつ」という、いまではあまり意識されない使命感が、昔の日本にはあったと思います。（中略）

いまの世の中、ぼくたちは自分たちの社会に愛着をもっているでしょうか。生きる意味を真剣に考えているでしょうか。いまの世の中には、その二つのバックボーンになるような思想や、みんなが共通にもっている観念は見あたりません。かといって、それらを愛国心や民族主義に求めるのは、時代と逆行したことです。ですから、これからの日本は、アジアの平和、世界の平和というような外に向かった方向に、それらを構築していくべきだと思います。

ですからぼくも、世の中の役にたつ人間の一人でありたいと思っています。

ですが、そういう観点から何学部がいいか、と考えてもなかなか決まりません。ぼくとしては、不安定なアジアの状況の改善にすこしでも役だつことをしたい、と思っているのですが、システム社会のなかで、ぼくなんかに何ができるのかなどと考えると、将来に見通しが立ちません。先生はどう思われますか。

Aより

A君へ

お手紙ありがたく、心して読みました。

君の私へのおたずねは、君にとってたいへん差しせまった大事な問題であることは、よくわかります。

それればかりか、君の同世代、学校に行っていようと、行ってなかろうと、また君のように、これから大学への進学をめざす人、これからとりあえず何かの仕事や、それとかかわって、どこでどういう修業や勉強をしたらよいかなど、これからどういう人生を選ぶかに悩んでいるすべての若い皆さんにとって、じつに大事な問題です。

いや、いまの子どもや若ものにとって、めあてをみいだしにくい現在の社会をつくりだした責めを免れえない私たち〝大人の背中〟にとっても、じつに胸を刺されるような問いかけとして受けとめたいと思います。

この場合、どういう大学、学部・学科を選ぶかの問いかけを、君の人生への君自身の問いかけの一部だとして、私はより広く受けとめました。もっと別の言い方をすると、君からの便りにある「生きることの意味」、現代を「どう生きるか」という問いかけにかかわる一つの問題提起だ、と理解したいと思っています。

この場合にも、〝不登校〟や〝登校拒否〟をしている人たちのほかにも、いまの学校や学歴社会になじめない、じつに多くの若ものたちがいます。その人たちの人生選択の悩みもしっかり頭において考えたほうがよいのでは、と私は思いました。

日本のように、まだ明治以来の学歴にとらわれがちな社会では、進学に失敗したり、学校でつまずいたりすると、その若もの自身が、自分は〝おちこぼれ〟だ、あるいは人生の落伍者だと思いこまされていることさえも少なくないのです。

君は、大学とか学部・学科を選ぶことのほかにも、生きがいある人生へのじつに多くのわかれ道があることを、あわせて考えたでしょうか。それとも、大学へ、あるいは高校へ進むことが君にとって自明のこと、いまの世の中であたりまえのこととして、決めこんでいたのでしょうか。

この問いも、これから話す私の人生選択の経験からしますと、君の人生選択に何か参考になるかも知れません。

私の人生選択

私自身が君のように若かった時代のことをふりかえると、じつは大学生活を終えるまで、とてもそんなことまで考える余裕もなく過ごしてきたように思います。つまり、世の中の動きのままに、ほんとうにせまい視野のなかでの一人よがりの選択でした。

私が中学校（五年制の旧制中学校）を終えるころ（一九三五年）、世はまさに軍国主義の時代でした。身体《からだ》もそれほど強健でなく、身長も小さいくせに、一時は軍人として身を立てようと思ったことがありました。

一つは、そのころわが家が破産状態で、とても高等教育をうけるだけの資力もない状態だったということもあります。ですが、それ以上に、そのころは軍人になることが世の少年たちのあこがれの的でもあったからです。

君のいう「野球の選手」や「スチュワーデス」への夢と同じようなものだったのですね。

それが中学校のとき、まず目の検査で海軍の将校養成の学校が不合格になり、軍人不適格を知った私は、高校（旧制）から大学へと進学しました。高校は文科、大学は文学部で、高校時代からずっと家庭教師をしながら大学院まで進みました。

　私は、中国地方の山間《やまあい》にある村の、破産地主の七人兄姉《きょうだい》の末っ子です。一九一八年生まれ、ちょうど第一次世界大戦の終わった年でした。七人兄妹中四人死にましたが、これは当時の農村では、それほど異常なことではありません。

　そのころの私たちの国は、なお大部分の人は貧しくて、村のたいていの子どもは、学校はせいぜい小学校六年を終えて高等小学校二年まででした。小学校から中学校（旧制）に進学できるのは、村の地主の子どもくらいでした。農家の七割は、大なり小なり地主から土地を借りて、そして三割は、耕地の全部を借りていました。米作収入の半分は地主に納めていたのです。こういう農家の子どもたちが学校にもってくる弁当は、麦入りごはんに梅干しだけというのも少なくなかったのです。

　豊かな能力をもちながら、貧しくて、生きていくのにこと欠くような環境のなかで、その能力を発揮できない子どもたちが、たくさんいました。そのうえ、学校で抜群の能力を発揮しても、高等な教育をうけるには、よほど大きな安定した農家であることが必要でした。

　家は貧しくても小学校の成績がとくに優秀な子どもは、高等小学校二年に進んで、学費負担の少ない師範学校に行って先生になるということが多かったのです。

戦後とちがって、教師の養成は大学ではなく、制度上は中等教育に相当する師範学校でした。しかしそこには、貧しい地域や家庭からの英才が集まっていました。小学校卒業後、旧制中学に進むことができたものは、私たちの学年五十五人中、五人ほどだったと思います。

ですから私のように、旧制中学を経て旧制高校から大学、そして大学院に進めたものは、ごくわずかな例外といってもよいのです。というのは、わが家の破産までに私の兄と姉がすでに教師になっていたからで、その援助がなければ、私自身が家庭教師をするだけでは、とても学資と生活費を得ることはできなかったのです。

私は、そういうごくごくせまい進路を通って、そのころ世の中が一般に考えていた〝最高学府〟に進むことができたのです。

高校へ進学した年、吉野源三郎[1]という人の書いた『君たちはどう生きるか』（いまは、岩波文庫の一冊になっています）にふれて、ひどく感動しました。この本には、いままで私たちが学校の教科書では学んだことのない、私たちの日常生活のなかにある切実な人と人とのかかわりについての問題が書かれていました。

君のいう「愛国心」や「民族主義」のことは、教科書にいっぱいのっていました。ところがこの本では、人間という生きものが網の目（社会）のなかに生きてあ
ること、人間が人間であ

るからこそかかえる悩みや、あやまちにもふれながら、生命《いのち》の尊《たっと》さと、人としてどう生きるかについて語られていました。

そこには、人生選択について、こういう文章もありました。

「英語や、幾何や、代数なら、僕でも君に教えることが出来る。しかし、人間が集まってこの世の中を作り、その中で一人一人が、それぞれ自分の一生をしょって生きてゆくということに、どれだけの意味があるのか、どれだけの値打があるのか、ということになると、僕はもう君に教えることが出来ない。それは、君がだんだん大人になってゆくに従って、いや、大人になってからもまだまだ勉強して、自分で見つけてゆかなくてはならないことなのだ。」（岩波文庫版より）

当時の私の、この本を読んでの印象からしますと、私の進路選択がとりあえずは、それでよかったのではと励まされたつもりでいました。しかし、私のそういう判断は、いまから考えると、かなり一人よがりのものであることを思い知らされることになるのです。

しかし、この本自体は、いま読みなおしてみても、当時の私の理解をはるかに超えた社会と人間の真実、人間の生命の尊さを、あの軍国主義と戦争の――人が人を殺しあっている――さなかで、私たちになんとか伝えようとしてくれていたのだということがわかります。

この本をすすめてくれた高校時代の親友は、勉強よりも絵や音楽を愛し、短編小説を書き、作曲もする、楽しんでわが道を行くというタイプの若ものでした。彼のこの本からの読みとりは、私のそれより深いものであったと思われます。

残念なことに、若き日のあこがれでさえあったこの友人は、大学を卒業して海軍予備学生に採用され、中国の旅順（リュイシュン）で戦病死しました。私自身もまた、一九四二年八月、太平洋戦争の苛烈な戦況のなかで、一兵士として軍隊に召集され、やがて南方の最前線に送りこまれました。

私の人生選択の視野のせまさ、底の浅さを思い知らされたのが、その軍隊生活、とりわけその後の戦争体験のなかからでした。私はいまそのことを、君の私への問い合わせに応えて、すこし話をしてみたいと思います。

兵営のなかでの私

高校から大学への進学は、私にとって、ある意味では決して無駄ではありませんでした。かつての軍国少年は、世間の加熱した軍国主義の風潮に対して、ほんのすこしだけですが、さめた目をもつことが、いくらかはできるようになっていました。

当時の旧制高等学校には、なおかすかなヒューマニズムの気風が残っていました。それが私に、かつての軍国少年のあこがれであった軍人として身を立てる道――下士官、将校――幹部候補生になることを、あえて求めず、一人の兵士として軍隊生活を送るようにしむけたのだと思います。

それに、大学卒業直後まで延期されていた徴兵検査では、現役の兵隊としては最下位、第二乙種第二補充兵という、平常時なら兵役とはほとんど関係ないランキングに判定されていました。それが太平洋戦争の勃発で、にわかに兵士として召集されたのです。

大学院に進んだばかりの一九四二年の夏でした。すでに二十四歳になっていました。

私と同じときに新兵として召集された人たちの多くは、たいていは、すでに家族をかかえた一家の主人《あるじ》で、農村からの出身者が多かったように思います。私は学生上がりの独身兵でしたから、年齢からも学歴からも、彼らからみてたいへんちがった毛色の人間にみえたにちがいありません。

A君、軍隊は戦うための集団です。だから、戦場から遠くはなれた安全な国内の兵営、いわゆる「屯営」にあるときにも、常に戦闘に即応できる体制が、厳重に維持されることになっています。外部からの侵入に対しては、水ももらさぬといってよいほどに厳しい警戒体制が、昼夜を問わず敷かれていました。

ですから、兵営の歩哨勤務につくときにうける軍装検査は、頭のてっぺんから足のつま先まで厳重な規定によってチェックされます。その任務について、いつ上官から問いただされても、即刻答えなければなりません。とくに異状な事態がおこったときは、どこに連絡するか、その連絡のときに必要な直属上官の名前を、師団長から連隊長、中隊長、小隊長にいたるまで、いつ問われてもよどみなく答えなくてはなりませんでした。

戦闘集団としての軍隊は、厳しい上下関係、上官の命令はすなわち天皇の命令だとして、無条件に従わなければなりません。上官への絶対服従の社会です。命令が適当かどうか話しあうことはもちろん、原因や理由を質問することも許されません。その点、個人の意志で選択できる余地は最小限度、いや極限までしぼられています。

将校、下士官、兵隊のあいだには厳格な階級的差別があって、上にいくほど生活するうえでの自由の度合、選択の幅がひろがります。国内では、将校は兵営の外に家庭をもち、兵営外では一般の市民と同じ生活をしていました。しかし、下士官以下は、とくに許された日以外、兵営外に出ることはできませんでした。

兵隊のあいだでは、兵長から二等兵までの公式の階級のほかに、〝麦の数〟（軍隊での麦入りの米飯を食べた年数）による序列ができていて、〝古兵〟とよばれ、階級は一等兵でも、新米の上等兵、兵長にも睨みがきくのです。とくに戦場では、その傾向がつよかったように思います。

これは、兵隊に期待される能力が、考えたり工夫をしたりすることよりも、時間をかけて経験を積むことで鍛えられるような力で支えられているということとも関係があると思われます。将校は頭、下士官は目をはたらかせての現場監督、その下の兵隊は手足、労働力という、はっきりした分業によるのでしょう。

兵営は一般世間とは別世界で、軍隊のほうでは一般社会のことを〝地方〟といい、自分たちの社会とははっきり区別します。召集により入隊しますと、持参の褌《ふんどし》以外はぜんぶ脱がされ、支給される襦袢《じゅばん》、袴下《こした》（ズボン下）、軍服に着かえさせられます。

服装はもちろん、物の名前、言葉づかい一切が〝地方〟とは異なっていて、新兵がたとえば「ズボン」などと世間で通用している言葉を思わず使ったりすると、たちまち叱りとばされ、張りたおされるのです。もう一度いってみろと怒鳴《どな》られて、またなぐられるということもありました。

戦闘集団としての軍隊は、厳重に閉ざされた生活です。その最小単位は、内務班（戦闘のときの最小単位である一分隊の共同生活体）で、一人の兵士ごとに、ほぼ七十センチ×二メートルほどの藁《わら》入りマットレス（ないし寝台）と、その背後に毛布と衣類の整頓棚が与えられていました。

一人用マットレスは、壁と直角に床にじかにずらりと、ほとんど密着してならべられていて、残された板の間《ま》の空間に、横に長い木製テーブルがありました。兵隊はその上で食事をします。新兵は、のみこむような忙しさで食べおわると、先をきそって古兵の用いた皿洗いに殺到するのです。

同じこのテーブルの上で、毎日銃剣その他の装具の手入れがおこなわれ、汚れはもちろん、ほこり一つ許されません。自分に給付されている兵器はもちろん、古兵のものも、つねに油がきいてピカピカに手入れがなされていることを厳しく求められます。

手入れが充分でないという理由で、「たるんでる、気合を入れろ」という声が古兵からかかる。そうすると就寝前、新兵は寝台の前に立たされ、一蓮托生《いちれんたくしょう》、みんながなぐられるというようなことは、決してめずらしいことではありませんでした。

一つの内務班は、兵長、上等兵、一等兵などの古兵にまじって、配置された一群の新兵たちから成りたっています。

上からの命令伝達、食事、あらゆる物資の分配は、この内務班を単位としておこなわれ、生活を共にします。新兵（初年兵といいました）は、まるでコマネズミのように走りまわって、内務班の日常の食事の上げ下げから洗濯、編上靴（「ヘンジョウカ」と呼ばされます）の手入れなど、生活雑事を一手に引きうけて、自分のもの以外に古兵のものの世話をするのです。それが同時に戦闘のときの活動単位となり、生死を共にすることになります。いわば、戦闘チームの合宿所のようなものです。

さきに書きましたが、軍隊は、上下関係のじつに厳しい社会ですが、とくに兵隊のあいだでは、一般社会〝地方〟での階級、身分、貧富、職業、それに学歴などのちがいはまったく無視されるか、逆に学歴のあるものには逆差別というか、何か失敗でもするとかえって厳しく当たられるということも少なくありません。

つまり、どんな社会環境に生まれたものも努力しだいで、軍人として高い地位につくことができるたてまえになっていました。

少なくとも、〝地方〟でせおった社会的ひずみは、一応ご破算になります。とくに兵隊から下士官への道は、努力しだいで開かれており、まれには下級将校まで進んだものもいました。それに当時は、軍隊でどういう地位階級に進めたかが、満期除隊後も、〝地方〟、とりわけ農村などでは、なにがしかのメリットをもったはずでした。

当時の農・山・漁村の生活は、戦争勃発前からの経済不況で借金をしている家も多く、日々の飯米にもこと欠くありさまで、とくに山村・漁村では、アワ、ヒエなどの混食という状況でした。軍隊にいけば、三食腹いっぱい食べられる、そういうことが口にされるほどの貧しさでした。

一般庶民にとって、軍隊は、いわゆる「口べらし」にくわえて、社会的な地位を上昇させていく一つのルートでした。貧しい庶民の軍隊への魅力の一部は、そういうところにあったかも知れません。少なくとも、〝地方〟社会の不条理な現実にくらべて、軍隊は庶民にとって、公平に扱われているとみえる社会だったのです。

兵営の生活は、すみずみまですべて規則ずくめです。とくに兵隊はトイレを除いて、プライベートな空間は兵営内ではまったくないといってもよく、すべての生活が、規則によって管理されているだけでなく、直接に監視のなかにさらされていました。

そのうえ、初年兵は、軍隊日記を毎日書くことを求められ、中隊長が直接に朱筆を入れて返してくるということまでありました。私も恥ずかしいことですが、あたらずさわらずの記述のほかに、心にもない「忠誠心」を書きこむこともありました。ですが、その記述のあとには、

「実行こそが重要なるぞ」と、私の本心を見ぬくようなコメントが朱で書かれていました。そういう徹底した監視と管理のもとで、心身ともに、人間のねうちが画一なものさしで計られるのでした。

A君、君のいういまの「管理社会」「システム社会」とはちがって、軍隊では、規則とかシステムを超えて、権力による一人ひとりの内面にまで直接にふみこんだ支配が、より徹底していました。

こういう軍隊生活のものさしで、まるごと生活を評価されますと、私のような人間は、すべての点で〝おちこぼれ〟であることが明らかになりました。私は、定められた規則にいつも忠実に従うつもりでしたが、農村出身の兵隊さんにくらべて、体力、身のこなし、器用さで、まったくおくれをとるばかり。精神状態も、適応不能、一種の痴呆《ちほう》状態におかれたように、われながら思うほかありませんでした。

見るに見かねたのでしょうか、中隊の人事係の准将校（准尉といいました）が、半年もたたないうちに、似島《にのしま》（広島県）にあった船舶部隊の検疫所勤務を命じました。ここは、海外の戦線から帰国する兵士、軍馬などがもち帰る伝染病などを水ぎわで防ぎとめるための施設で、事務室勤務でした。なんとか仕事をこなすことができ、一年間で上等兵にしてもらえました。

私の原隊での所属は本来、歩兵砲中隊でしたが、無器用な私には厄介な砲操作がこなせず、五十キロの重い砲身をせおって山を馳せのぼる体力もなければ、砲をひくための馬の制御もままなりません。また兵営生活のなかでは、手ぎわよく、身辺整理を短い時間でこなすという生活技術も大変でした。それに、これはなくもがなですが、規則をかいくぐって〝要領〟よく始末をつける知恵にも欠けている人間にとって、まったく不適格だったのでした。

軍隊では、じつによく物が盗まれました。衣類その他すべて、一兵士あたりの支給品の数が決まっていました。それをいつも自分で確保しなくてはなりません。ところが物干し場などでは、ひんぱんに物がなくなりました。

誰かが盗まれると、盗みかえす以外に方法がありません。「なくなりました」と報告しても、たちまち怒鳴りつけられ、なぐりとばされるだけです。再支給されることは絶対ありません。自分でなんとかするほかないのです。

もちろん、物資の補給がむずかしい戦場を想定してのことと思われます。「員数《いんずう》をそろえる」、これが軍隊の日常生活のなかでの合言葉でした。

これは物だけでなく、人にも使われていました。「あの兵は員数外だ」というときは、その場合の正式の定員に数えられないということです。

戦場では、病めるもの、傷ついたものがそうで、「おまえは員数外だ」といわれるときは、私自身もそれに近かったのですが、軍隊での〝無能者〟〝おちこぼれ〟を意味しました。戦闘集団ではしばしば、戦闘の目的にそう規格をそなえた員数が常にそろっていることが、至上命令でした。

一日のなかで、朝、起床直後と夕食から就寝までのあいだの二回、全兵営をつうじて、それぞれの内務班ごとに〝点呼〟がおこなわれます。

特別にはっきりした理由がないかぎり、全員整列して、〝点呼〟によってその兵隊の所在が確認され、所定の内務班に属する兵隊の〝員数〟が毎朝、毎夕、上部に報告されました。外出して帰営時間がおくれることは、重大な軍規違反として罰せられます。兵隊の員数がそろっているかどうかは、戦闘集団としては非常に大切なことでした。

しかし、こうした員数本位、形式的な規則ずくめの「たてまえ」主義の裏には、必ず「うら」ないし「本音」があるものです。この「たてまえ」と「ほんね」、「おもて」と「うら」をうまく使いわけることが、軍隊生活の〝要領〟ということにもなるのでした。上級者の気に入るようにふるまうすべは、私には最後まで、なじまぬことでした。

「一つ、軍人は忠節を尽くすを本分とすべし」は、兵隊が夜の〝点呼〟解散前、毎日暗誦させられた「軍人勅諭《ちょくゆ》」の精神を述べた一節でしたが、その「忠節」を「要領」と読みかえてペロリと舌をだすことにもみられるように、兵隊たちのあいだには生きるためのしたたかさ、被治者の知恵も豊かでした。

いまにして思うと、こういう兵隊生活のなかで、農村や労働者出身の兵士たちの適応力は、労働できたえられた体力のほかに、長く重い抑圧と悲哀に耐えた生活のなかでたくわえられたものであったのでしょう。

とくに、こうした兵隊のうちで、下士官にまで昇進した人たちは、私にはあらゆる点で、軍隊生活への適応にすぐれた力量をもつ人たちにみえました。体力はもちろんですが、身体のなかにめりこんだ知恵とでもいうべきか、器用さ、迅速な行動力と一体となった知恵の豊かさに、圧倒されました。

ときに私にとって妬ましく、かつ意地悪く、憎らしい存在でもありましたが、よく考えてみると、こういう貧しさと悲哀のなかでたくわえられた力量が、軍隊を支えたばかりでなく、当時の社会を底辺から支えているエネルギー源でもあったのです。いわゆる社会の上層部は、このような被治者の上にあぐらをかいて、「権威」「教養」「道徳」の仮面をよそおって生きてきたところがあるのです。

長い学校生活をつうじて私が獲得したものは、こうした民衆生活の現実とはかけはなれた世界で、少々極端な表現ではありますが、身体からはなれた観念的な知識のむなしい蓄積のように思われるのでした。

農家出身の兵士のあいだでは、わずかの休憩時間に、「いまごろ、うちの田圃《たんぼ》では……」という会話を耳にしたことも、しばしばありました。一家の経営主ですから、当然のことです。農民兵のなかには、自分の家へのハガキにこまごまと肥料を施す場所や時期など、妻に指令を発する人もいたと聞きました。兵営のなかからの農業経営の指示なのです。

こういう話を聞くと、日本の農民の、ある意味での能力の高さを感じました。もちろんそれは、学校で学んだこともふくまれてはいます。だがなによりも、せっぱつまった厳しい生活のなかで、喜びよりもむしろより多くの悲しみのなかを生きぬきながら、直接の事物との出会い、ふれあいのなかで身についた知恵が中心であったことは、たしかです。

兵隊としての生活力も、こうした力量にもとづくものだと思われます。

明治以来、国家は、こうした民衆の力量を、学校義務教育、上からの社会教育をつうじて、国益に奉仕させるように、強力な精神指導・教化をおこなってきたのです。つまり、日本の軍隊はこうした兵隊予備軍を、すでに、学校教育をふくむ社会生活そのもののなかで、長くたくわえていたといえるでしょう。

私にとって軍隊生活は、自分のうけてきた教育は何だったのか、大学までの長い学校生活で得たものは何だったのかについて、根の深いところから反省させられる機会でした。

この点について、さらに自らを問うことになったのは、私が南太平洋の戦線に送られてからのことです。

生と死の間《はざま》で——修羅場のなかでの人生選択

いささか横道にそれてしまいますが、ここで、南方の前線にむかう途中で私の遭遇した体験にふれておきましょう。戦争というものの一断面を、若い君たちに伝えることが、生き残ったものの責務かとも思うからです。

一九四四年八月二十九日、私の乗った一隻の軍用輸送船は、米潜水艦による魚雷攻撃にそなえて厳戒裡に、フィリピンのミンダナオ島を経て、赤道直下のスラウェシ島（現在はインドネシア共和国。もとオランダ領、セレベス島）北端をめざし、エンジン音をとどろかせて、海面をひた走っていました。月明かりのもと、鏡のようにおだやかな海でした。

思えばこの年六月、広島を出発し、門司《もじ》港、台湾の基隆《キールン》港を経て、台湾の南、バシー海峡を通り、フィリピンのマニラに滞在一か月、八月十五日マニラ出港、フィリピン南端のミンダナオ島ザンボアンガを出たのが八月二十一日でした。

途中、僚船の〝はあぶる丸〟が、米潜水艦が出没する極度の危険水域で、故障のため、私たちの船の曳航《えいこう》で、からくもホロ島まで引きかえすという、ぞっとするようなトラブルがありました。そのため私たちの乗った兵員満載の〝めきしこ丸〟（五七八五トン）ただ一隻が、小さな二隻の護衛艦に守られて、セレベス海のまっただなかにさしかかったのでした。

のちに見た船長の「事故報告書」によりますと、その日午前二時五分、月が沈んだそうです。それまでは平和な海面だったのです。だが二日ほど前から、近海で米潜水艦の発する信号音が傍受されており、私たちの船を追尾しているらしいことを船長は知っていたようです。それだけに、この夜も、通常月明かりをさけておこなわれる魚雷攻撃に対して、もっとも警戒を要する暗黒の時間帯にはいってきたのでした。

それから四十分後、果たせるかな、私たちの船も三発の魚雷攻撃をうけ、そのうち一発が船首部分に命中、船にのせていた大量の石油に引火、船首はたちまち炎につつまれ、付近の海面も、流れでた油が燃えあがり火の海となりました。

私は一人の兵隊として、この船の後部船底にある兵員すし詰め状態の船艙《せんそう》に就寝中でしたが、大きな衝撃でとび起きました。衝撃とともに船内はまっ暗になり、深い船艙から甲板に這いあがるための縄梯子《なわばしご》は、殺到する兵士たちがむらがって大混乱となりました。ようやく甲板に出ると、船首の方向から炎がせまっていて、「総員退去」の合図のラッパが鳴りひびきました。兵隊たちは、火の燃えていない左舷の海面を選んで、めいめい飛びこんでいきました。

さいわいに、火薬・弾薬のたぐいは船の最後尾に積みこまれていましたので、爆発沈没までには時間がありました。

そのため私たちは、船からかなりはなれたところから、船全体が炎と化して、黒い海に消えていくのを見すえることができたのです。それはまるで、火だるまとなった巨大な生きものの最期のように思えました。海上のあちこちで異様な喚声があがり、万歳が叫ばれ、軍歌がうたわれたように記憶しています。

しかし、私の記憶のなかにいまでも鮮明に残っているのは、そのあとにつづく暗黒のとばりのなかでの沈黙でした。誰もが、うたうことはもちろん、ささやくための言葉すら失っていました。およそ私たちのどんな計らいの余地もなく、底知れない暗黒の世界に吸いこまれる、それは、抗しがたい力に溶けこんでいくような一瞬だったと思います。つまり、もはや時間も動かず、自分の居場所も溶解してしまったかのようでした。

のちにそれに似た夢をみることがありましたが、あえて言葉にすれば、「生と死の間《はざま》」とでもいうほかはないような、ふしぎな時が私たちをとりこんだ、とでもいうべきでしょうか。現世とあの世との境目のない、ふしぎな世界ともいえるのでしょうか。

いまもって私には、その瞬間が何であったかを表現することはできないのです。が、戦争のような人類相互のいさかいも、私個人としての生と死のわかれ目も、この沈黙のなかにあって、すべては泡のようなもの、大きな宇宙の生命力の顕現（直接のあらわれ）のようにも思えるのでした。いまもなお、ときに、この沈黙がひょっとすると私たちの背景に厳としてあって、万物の動きを見まもっているのかも、と思うことがあります。

ふと我にかえると、私たちはめいめい、支給されていた救命胴衣のほか、船から放出されたありとあらゆる浮遊物にそれぞれの身を託して、暗闇の海をただよっていました。

私自身も、沈没前に船から投げ落とされた急造の筏《いかだ》にとりついて、波のまにまに身をゆだね、七、八人の兵士とともに、あとはただ幸運な救助を待つほかはありませんでした。ただただエネルギーの消耗をさけて、何かを待つということです。

夜が明け、赤道直下の太陽に一日じゅう照りつけられ、そしてふたたび夜をむかえました。おたがいに声をかけあって、眠りにおちこまないように励ましあいました。それでも、私自身は、もっていたロープで筏に身体をしばりつけているので、思わずウトウトと眠りこんでいたようにも思います。

掃海艇がきて救助作業がはじまったのは、その夜が明けて太陽が私たちの真上に近づいたころからと思います。

けっきょく、私たちのグループが救いだされたのは、二夜を海中でただよいつづけた翌日の午後三時ごろで、縄梯子で救助艦に必死になって這いあがって、甲板上の海兵に救いあげられると、まもなく艦は動きはじめ、全速力で遭難現場をはなれていきました。

まだ海上に人影を見たという他の兵隊からの話もあとで聞きましたが、あるいは、すでに収容するいとまもなかった遺体だったのかも知れません。私たちは心身ともに疲れはて、甲板上に倒れこんだまま、身動きひとつできませんでした。私の海上漂流は、三十六時間におよんだはずです。

軍隊の兵営での生活のなかでも、とりわけ一兵士の場合、自ら選んで自分の考えで行動するのは、きわめて限られた場合にすぎません。戦場はそれにもまして、一兵士としての選択の余地は、いっそうせまいものになります。選ぶより選ばされる、自分の意志にまったく反した行動さえ強いられる、というのが常態です。

「将棋の駒のように」という言葉がありますが、私たち兵隊の行動は、私たち以外の人間の意志によって支配されているのでした。しかし、そういう私たちの支配者たちの意図も、当面の敵の出方によったり、また人間の意志を超えた自然の条件によって、まったく思いがけない結果を、つぎつぎに生みだしていくのです。

軍隊に召集されたのちの私のたどった軌跡をふりかえってみても、偶然としかいいようのない生と死の分岐点が、いくつもありました。私がそのまま広島の残留部隊にとどまっていたら、当然、一九四五年八月六日の原爆攻撃によって、せん滅させられていたことはまちがいありません。

バシー海峡では、私たちの船のすぐ左舷ちかくをマニラ港にむかっていた僚船が、私たちの船をかすめた魚雷によって船体は沈められ、多くの犠牲者をだしました。私たちは、からくも無事マニラに到着しました。そこでフィリピン北方警備につくはずのところ、一か月滞在したあと、突然、南方最前線に出動させられました。もしそこに予定どおり駐留していたら、まもなく米軍の比島大攻撃にさらされていたはずです。

私たちは、さきに述べた敵潜水艦の難にあいましたが、すべての武器・弾薬その他をことごとく失ったので、激戦地に転戦せず、スラウェシ島（当時はセレベス島）北端の守備隊としてとどまりました。そして、空爆と銃撃を上空から受けつづけたものの、最後まで、直接敵と銃火をまじえることはありませんでした。

それにしても、戦争はひとにぎりの人間の作為であるにもかかわらず、それに動員された多くの一人ひとりの意志とはほとんどかかわりなく、複雑な偶然をつくりだし、一人ひとりの生命は絶えず生と死の間をぬうようにあやつられ、結果として多数のかけがえない生命を無惨にもふみにじりながら進行していきます。

ごく少数者の意志によって圧倒的多数の人びとの自由意志を強制的に奪うという意味では、武器によってわざわざ殺害したり、されたりしないとしても、すでにそのこと自体が殺人行為そのものというほかありません。

戦争は、人間の肉体だけでなく、魂の圧殺行為をも意味するものというべきでしょう。そういう行為にも耐えるように、すでに兵営生活のなかで着々と訓練が重ねられてきたのです。

A君、それだけではありません。あえてくりかえしますが、あのときの日本の学校教育、いや社会構造そのもののなかで、日常的に軍隊予備軍がつくられつづけていたことを、忘れないでください。

そういう隠れた筋書きのなかでも、たとえば私の体験した遭難に際しても、〝善行〟もあれば、〝非行〟もありました。人はどんなに強制された状況のなかでも、自ら選んで行動し、考える余地を、ほんのわずかでも留保している生きものであることも、たしかです。

あの衝撃の瞬間はたしかに、いわゆる〝皇軍〟の秩序は崩れさったかにみえました。すべてのものが、自分の生命を守ることを第一に考えたはずです。「たてまえ」は完全に崩れさった、修羅場でした。

焼けただれた身体でからくも浮遊物に乗っかったものをつき落として、自分がのっとったり、兵隊のあいだに救命胴衣の奪いあいがあったり、四千名を超える兵員に対して、わずか四艇しかない小さな救命ボートに殺到して転覆させたり、すでに艇上にある将校が抜刀して、必死に救いをもとめる兵を船べりから引きはなしたり、目をおおうような惨劇を目撃した兵隊からの話を、いくつも聞きました。

他方、漂流中、わずかに誰かがもちだすことに成功した水筒の水を、いさぎよく分かちあうということも、私たちの筏の小グループではありました。

また、私の知っている班長の一人は、山間の貧しい村に育ち、泳ぐすべを知らない初年兵のことを、あの混乱のなかでちゃんと思いおこし、恐怖にふるえるその兵隊を見つけだし、彼のために空樽を海中に投げ入れ、それにつかまって浮遊するよう配慮しました。そのうえで、海にその兵の身体を投げだして、自分も飛びこむ、という沈着ぶりでした。けっきょく、その兵隊は、ついに帰ってくることはありませんでした。が、班の責任者として良心に忠実だった、こういう下士官もいます。

私自身をあえて評価してみますと、自分の生命を守ることにせいいっぱい、悪いこともしないが、よいことをする能力も微弱という、きわめて凡庸な人間に終始したということです。遭難前から船中で発熱、食事もとれない状況にもあったのですが、こういう差しせまった場面での自分という人間の力量、弱さを反省しないわけにはいきません。同じ筏で、何人かをへだてたところに、重い火傷を負って苦しむ兵士がいましたが、おそらく力つきて、夜間の暗闇のなかで姿を消しました。どうすることもできませんでした。

戦場という修羅場では、それぞれの人間のもつ地肌が、地位、階級、身分、学歴などにかかわりなく、いかなる装いもかなぐりすててその人柄が露呈されるような場でもあるのです。ほんとうの人間教養は、こういう場面でためされるものなのでしょう。

あの修羅場のなかで残された、わずかな選択のなかにも、自分の欲望のために他人の生命をふみにじるような選択もあれば、他者とのかかわりにこだわって、自分のやれる何らかのことを、いくらかでも実現しようとする選択もありました。

私自身は、あらわなかたちで他人を排除しなかったにしても、自己中心であったことは免れえません。私自身気づかぬままに、我がちに他人を排除した場合のありうることを考えると、私の自我のひ弱さを認めざるをえません。そして、あの修羅場のなかで、他者にいささかでも思いをかけることのできた人びとには、えりを正して、心から敬意を表したいと思います。

ヤシ林のなかで

武器、弾薬、食糧などすべてを失った私たちは、スラウェシ島の北端のヤシ林のなかで、それまでに現地に駐留した海軍が残していた若干の軍用資材を利用して、守備隊としての任務につくことになりました。それはしかし、ほとんど無からの出発ですから、敵の上陸を迎えうつという目的もさることながら、まず衣・食・住、つまり生きていくためのすべての力がためされることになるのでした。

この場合、力を発揮したのも、農村出身兵をはじめ、さまざまな労働に従事していた兵隊でした。私などは、何もなすすべもない、あわれな人間でした。このことは、国内の兵営での生活以上に、あらわなものになりました。

　ここでも、事物そのものにふれ、事物を知っているだけでなく、それとの付きあい方を身体のなかに刻みこんでいる、そういう知恵の深さと大きさとを、つくづく教えられることになりました。

　そういう知恵は、言葉で伝えられるものではありません。長い抑圧の重い歴史、直面した困難に耐えながら、実際の状況のなかで時間をかけて、見よう見まね、五官をすべてはたらかせながら、身体にしみこませるほかはないようなものです。そういう圧倒的多数の働く民衆が、強大な権力支配に身も心も同化同調を強いられる反面、自衛と抵抗のなかでしぶとくたくわえてきた文化の厚い層に、社会全体、もちろん学問も芸術も支えられていたはずなのでした。

　私はヤシ林のなかで、こんどは歩兵砲ではなく、あとから届けられた曲射砲の訓練をうけ、砲の操作ではなく、観測、つまり目標の距離に応じて曲射砲の発射角度の計算を素早くやって、その結果を小隊長をつうじて砲手に伝えてもらう仕事につきました。こちらのほうは、なんとかこなすことができまして、それがうまくいったせいかどうかわかりませんが、兵長という、兵隊の最上級になりました。

このころ私は、もうこのヤシ林のなかで兵隊として生きるほかはない、と思うようになっていました。私のひそかにつけてきた日記や、内地の兵営にあるときから外出時に書きつづった、「兵隊――その性格形成」と題した百枚ほどの原稿も、ほかの支給された衣服、銃、帯剣などとともに海に沈んでしまったのです。むろん、生きてふたたび還ることができるかどうか、その見当もたちません。

私も分隊長がわりに、ときに兵隊を指揮することがありました。敵の上陸にそなえての非常呼集のときだったと思います、迅速な集合の指示にもかかわらず、おくれてきた兵隊がいました。背の高い初年兵の一人でした。私の分隊が全員集合、〝員数〟が合わないのです。そのとき私は、おくれてきたその兵隊を、一度素手でなぐってしまったことがありました。

戦争が終わって帰国しても、その思い出は頭をはなれませんでした。たしかに、敵襲にそなえた危険なときですから、つい興奮してそんなことになったのですが、なんとも胸につかえていたことです。のちに現住所がわかり、ある年の年始状でそのことを本人に詫びたことがありました。それですむというわけでもないのですが、いくらかは心安まる思いがしました。

兵隊になりきれなかった私が、一瞬まちがって〝兵隊〟になってしまった、そういう恥ずかしい姿として、正直に告白しておきたいと思います。

敵の上陸にそなえた演習のほかに、食料をつくりだす仕事があり、インドネシアの学校の子どもたちが教師につれられて、畑をヤシ林のなかに切りひらく勤労奉仕隊として、きてくれました。敗戦にちかいころだったかと思いますが、そういう奉仕隊の世話をするよう指示されて、出かけたこともあります。

兵隊になりかけた私でしたが、このインドネシアの子どもたちと教師に対して労働奉仕を求めることには、命令とはいえ、うしろめたいものを感じていました。それで私としてできる唯一のことは、なるべく仕事を楽にしてあげるということくらいしかありませんでした。休憩時間を多くして、できるだけ休んでもらうのです。

その休みの時間に、一人のインドネシア人の教師で、いくらか日本語のわかる人に問いかけ、インドネシアの歴史を教えてほしいといいました。彼は、「昔、このセレベス島に三人の王《ラジヤ》がいて統治していた。そこへ三百年ほど前、オランダ人がきて……」と、歴史はオランダ統治の歴史にはじまるのでした。

それで私は、もっと昔の話が聞きたいといいました。「桃太郎のような話か」というので、「そうではなくて、ほんとうにあった話を聞きたい」といいました。すると彼は、「昔、太平洋のまんなかに島があった。その島で夫婦の神のあいだに生まれた子どもの一人が北のほう日本へ、もう一人がインドネシアにきてこの国をひらいた」というような意味の話をしました。私は、これは日本人がもちこんだ話にちがいない、と思いました。私からみると私たちに対しても実に好意的にみえるこの先生でしたが、自らの属する民族の歴史をもたない、あるいは語ることをしない、これが私にはたいへんショックでした。

ですが考えてみると、私自身も、たしかに小学校から大学までいろいろな機会に歴史にふれ、若干の知識はもっています。しかし、このジャングルのなかにいて、いったい自分は何をしているのか、日本はどういう方向に進もうとしているのか、いやこの戦争は終わるのか、そのこと自体皆目わからないという自分をみいだして、けっきょくインドネシアの先生のおかれている状況と五十歩百歩ではないかと思うのでした。

エーリヒ・フロム[2]という人の言葉を借りますと、私の学んだ歴史の知識は、頭のなかに知識としていくらかもって（having）はいるが、自分のものになって（being）いない、ということです。

A君、それは君の手紙にもあったように、私と社会というものがちゃんとかかわりをもっていない、そういうことだと思うんです。人間にとって歴史というものは、本来、自分と自分の生きる社会とをつなぐもの、そういうものとして学ぶことを怠った自分が悔やまれます。

兵営での生活から南方最前線での戦争体験が私に教えてくれたことは、世の中が私の思いおよばなかったさまざまの人びと――民衆――の力によって支えられている、ということへの実感でした。こんなあたりまえのことが、と君は思うでしょう。そうです、私だってそんなことくらい、頭のなかではよくわかっていたはずです。

ところが、戦前・戦中の特権的な学生生活のなかで、これまで心と身体でかかわりあうことのなかった人びととのふれあい、それも生と死を共にしながら、食を分かちあい、枕をならべて四年間にもわたってのふれあいのなかで、自分のうけた教育、学問や教養というものの限界を、あるときは屈辱感を、あるときは無力感をともなって、いやというほど思い知らされたのです。

知識でわかっていたはずのことが、感覚ないし身体全体では何もわかっていなかったのだということでした。

私の歴史感覚とならんで、もう一つ、述べておきたいことがあります。それは、当時の私の人権感覚にかかわることです。

戦後のある機会に、女性の権利、とくに戦争中の慰安婦問題を追及している著名な女性記者から、「大田さんは慰安婦を抱いたか」という率直な質問をうけました。

そのとき私は、ちゅうちょなく、「ああいうところに出向く人間は、私とは別の類《たぐい》の人たちだと思う」と答えました。女性記者は、「もしそうなら尊敬する」といったのですが、そのとき彼女は、信じられない、疑わしい、という目つきをしたのでした。

私たちは、ヤシ林のなかに生活していたのですが、たしかに、インドネシアの女性たちを相手とする慰安所があることは、外出から帰ってきた兵隊たちのあけすけな話から、私もよく知っていました。それどころか、私たちの部隊長は、私たち兵隊や他の将校の居住するヤシ林の外にある民家を占有して、土地の女性を囲っていることは、部隊内での通説でした。

私が、疑わしげな女性記者の目にいざなわれて考えたことは、自分はどうして慰安所に行こうとしなかったのか、そのときの私の考えがどこにあったか、ということでした。

正直に、私のそのときの心理をふりかえってみますと、「ああいうところへ行くのは、やばい」、そういう感覚でした。分析しますと、すこしばかりおしきせの修身的な「倫理」意識と、それにくわえて衛生感覚というところです。

女性記者が期待する人権感覚とは、残念ながら距離があるのです。

A君、弁解のためではなく、〝大人の背中〟の事実を知ってもらうためにいうのですが、いまから五十年前、戦争が終わってはじめて、一般の日本人は「人権」「民主主義」「平和」「自由」などを、文字でながめたり、口にすることになったのです。それまでは、「人権」という言葉ひとつをとってみても、大正の一時期をのぞいて、ごく一部の異端者以外は、あまりなじまないものであったことはたしかなのです。

いずれにしても、知識として頭にあっても、感覚として身についていなかった、いま一つのことです。

ふたたび私の人生選択を考える――ある漁夫の告発から

私は旧制高校から大学の学部に進学するとき、戦病死したかの親友と語らって、ためらうことなく文学部に進みました。政治にも経済にも法律にも、あまり興味をもてませんでした。社会か心理か教育か、ちょっと考えあって、彼は心理学を、私は教育研究を選びました。

いまにして思うと、そのとき彼は「そうか……」といって、おまえがそう思うならしようがないなといった風情で、黙ってうなずいたような気がします。

ところが、これをと思って私が選んだ、その研究対象としての教育は、私自身のうけてきた教育や教養そのものが根本からゆり動かされ、ときに虚ろにもみえるような体験を重ねるなかで、そのときすでに選び直しをせまられていたはずなのでした。

でも、じつはそのときは、そのことをふりかえる余裕もありませんでした。

いまあらためて、当時をふりかえってみますと、私は軍隊、戦場生活のなかで、私の弱さ、無力さを事実として受け入れることができず、ひたすら劣等感、屈辱感、無力感にとらわれたままで、それらを新しい生き方へ切りかえることができなかったのだと思います。

ですから、大学で選んできた教育研究のなかみ、研究の対象として選んだ〝教育〟というものへの先入観は、棚上げされたままでした。いや、ヤシ林のなかでは、将来、生あって教育研究をつづけるかどうかも、まったく見えない状況だったのです。

告白しますと、この私が研究対象として選んだときの〝教育〟というものへの考え方のあやまりに、深刻に気づかされるようになるのは、じつは戦後のことでして、そのあやまりを正すのに今日まで半世紀かかり、しかもなお課題を残しているということです。

私が当時、研究対象として選んだ〝教育〟は、「社会改革のための教育」という、一見かっこいいものでした。君のお便りにあった「世の中に役だつ」という言葉や「使命感」に相当しているようにもみえます。

しかしその内容は、いまから考えると、ずいぶん思いあがったもので、人びとを教育によって変えることで、よい社会をつくろうというものでした。これは、戦前・戦中の日本の支配層の考え方と、それほどちがうものではなかったのです。

故郷に生還した私は、もはや学問をつづけることはむずかしいのではないかと思いました。というのは、四年間、横文字はもちろん、まともに活字にもふれることができなかったのです。ただ、これまでの勉強をすこしでも役だてようと、郷里の小学校の教育に協力することにしました。これからは、国家の命令で教育をやるのではなく、地域地域の民衆が自分たちの生活要求にもとづいて、学校をつくりなおすべきだ、それこそ「社会改革のための教育」だ、と考えたのです。

ところが、そのうちに思いがけず東京の大学の研究室に呼びもどされ、ひきつづき教育研究をつづけることになったのです。私は魅せられるように、農村や漁村、山村、小都市をたずね、その社会とそこでの子育て、教育について、土地の人びとから実情を聞きとるという研究をしたものです。はじめは、そこに残っている民衆がおかれている生活の封建性、前近代性を読みとることに大きく研究関心が傾いていたのですが、一九五〇年前後から、大きな転機がきました。

日本社会の歴史のなかで、農民や、いろいろな労働・労務にたずさわる人たちは、米騒動とか労働争議など特別の場合をのぞいて、おおむねおとなしく、社会の支配層のすすめる政治・経済の施策に隷属してきました。

しかし、戦後はそういう人びとの組合もでき、社会に自分たちの要求をはっきりと表現していくようになりました。そういう社会状況の大きな変化があり、そのうねりのなかで、研究者としての自分の居場所を問われるようになったとき、私の軍隊生活・戦争体験のなかで、それまでに交わりをもたなかった多くの人たちとのかかわりのなかでの原体験が、私の体内でだんだん発酵をはじめたのでした。

そのころ、千葉県の房総半島の南端にある漁村に、一週間ほどの日程で、学生諸君何人かと調査に出向いたことがありました。そのとき、村の小学校の畳敷きの裁縫教室兼集会室で、寝泊まりさせてもらったのです。校長先生から、この機会にPTAに何か話をしてくれないかと、私に要請がありました。お世話になっていることもあって、おひきうけしました。

当日になり、父母のかたたちが同じ裁縫室に集まってこられたのですが、ほとんど母親、それも村の漁師さんのおかみさんたちではなく、大部分が〝おかもの〟と漁師さんたちの名づける勤め人の奥さんたちで、日焼けのようすもみられない色白のかたたちでした。

ところが一人だけ男性で、筋骨たくましく、ひと目で漁師さんとわかる人物が、最前列で熱心に私の話に耳を傾けていました。私は、その人が私の話にどういう反応をしめすか、最初から気になっていたのです。

講演が終わって司会者が、質問はありませんかといったとき、まっさきに手を上げたのが、私の気にしていた漁師さんその人でした。

実はギョッとしたのです。この漁師さんは、「質問ではありませんが」とことわって、次のような回想めいた感想、小学校時代の自分のうけた忘れられない思い出を、語りだしました。土地のコトバ丸出しの訥々《とつとつ》とした言い方ですから、私が再現することはむずかしいのですが、その内容はこうでした。

――私はこの小学校を卒業しました。四年生のとき、国語の時間でした。先生が黒板に「顔」という漢字を大きく書いて、「これ、どう読むんだ?」と聞きました。私は身体が小さくて、先生のすぐ前の席にすわっていましたが、その「顔」という漢字を見上げていて、思わず「ツラ」とつぶやくようにいいました。

先生は、私のそのつぶやきを耳ざとく聞きつけて、「オイ、もっと大きな声でいってみろ」といいました。私はあまり自信がなかったけれど、「ツラ」ともう一度いいました。そしたら、日ごろ勉強ができる子たちがわっと笑って、先生が「ダメだ」とにべもない素振りで、「ほかに」と、みなに聞きかえしました。私は消え入りたいような思いになり、そのことがあって学校に行くのもいやになりました。

これが話のあらましでした。

その漁師さんは、四十がらみの小柄な人でした。私にむかって話しかけたのですが、目を見開き、口ごもるような語らいだったのですが、それでもとても迫力がありました。三十年前の恨みを一挙に晴らすといった感じなのですね。

この出来ごとは、この漁師さんの年齢からみて、昭和の一ケタ時代のことだと思われます。私は思うのですが、このときの四年生担任の先生が、「ツラ」という答えを聞いたとき、「いい線いってるぞ！」「もっと別の言い方はないか」と励ましたら、こんなに恨まれることはなかったはずです。

実際、顔を「ツラ」と読めたのは、少なくとも「顔」が何を指すシンボルなのかについては、ちゃんと当たっています。妙な言い方ですが、八〇パーセント当たっているといってもよいのです。だから、まずそこを正確に評価してあげることが必要でした。ところがこの教師は、「カオ」という正解答で自分の頭が占領されていて、ほかの答えには目もくれず、一挙に否定してしまったのでした。

当時の教師の常識としては、国の定めた教科書の漢字を、国が標準語として決めたとおりに教えたのがなぜ悪い、教師としてあたりまえのことをしたのだ、という思いであったろうと思われます。

しかし、少年の心のなかには、深い傷あとが残りました。その傷あとは、大きくは社会的身分差別、中央で決めた標準語に対する方言の蔑視、さらに具体的には、その少年の生家の貧富や職業、家格などなど、じつにさまざまな問題が凝集したものとして、やわらかい子ども心に刻印されたものと考えられます。それがたまたま三十年もたって、私の目前で爆発したのです。

私は、この漁師さんの過去の学校教育の告発を、忘れることはできません。このことを私の選んだ研究対象としての〝教育〟にかぎってみても、こういう教育のあり方は、教育というより上からの「教化」といってもよいのでして、権威によって自分の考えに一方的に同化を求めるというやり方につうじます。子どものやわらかい心を、大人の測り知れない未来へと、はぐくみ育てるということではありません。むしろ抑圧し、圧殺さえするものです。

A君、戦争について、軍隊という戦闘集団について、さきに述べました「魂の圧殺」は、こうした日常の〝教育〟のなかにもあったのです。

つまり、こういう〝教育〟への考え方は、国家が国民をあの大戦争に追いたてた、上からの人民教化のための教育と、根を同じくしているのではないかと私は思います。

そして、私が研究対象として選んだ〝教育〟も、「社会改革のための教育」と自分を納得させていたものの、これまたよい人を教育して、よい世の中をつくろうという、かっこういい言い分ではあっても、けっきょくは上からの方向づけで人びとの心がけまで変えて、自分たちの考える世の中に同化同調を求めるという意味では、考え方の大枠は変わっていないのではないかと思われるのでした。

戦前から、教育は「子どもから」というのは教育学のイロハとして、私もよくよくわかっていたつもりなのです。試験に出れば、やすやすとそう答えたことはまちがいありません。だが、知識としてわかっていることと、感性から、身体でわかっていることとは別なのです。子どもに対する人権感覚、いや、女性に対する人権感覚同様、人権感覚そのものが、なお私のものになっていなかったのです。

厳しくせんさくをすると、私の〝教育〟への研究関心は、結果的にはあの戦争へと民心をさしむけた教育と、考え方の枠組みとしては同じで、戦争への共犯者ともいえるようなものではないかと思います。

戦中まじわった、私のまわりにあった圧倒的多数の〝戦友〟たちは、この漁師さんの〝告発〟にみられるような〝教育〟の被害者であったのではなかろうか、と思うのです。

そう考えると、私の戦争体験のなかで受けとめた劣等感、屈辱感、無力感も、またときに経験した学歴あるものとしての私への逆差別への怒りも、じつは、それらに値するものを、〝高等〟教育をうけた私自身の内面にかかえこんだままでいたことにほかなりません。

ですから、そうした卑屈な感情にとらわれているかぎり、私は何も変わらないでいるということでした。戦争体験のなかで傷つけられた私の感情を冷静に直視して、〝教育〟〝教養〟によっていびつになった自分のありのままを受けとめ、それを私自身の思想と行動を立てなおしていくバネにするには、なお多くの時間を必要とするのでした。

もっとも、教育によっていびつにされていたのは、私だけではありません。少なくともあの狂気の時代に、国民のすべてが、公私の教育をつうじてマインド・コントロールのもとにあったことも事実です。

けれども、私のまわりのかの〝戦友〟たちの場合には、あの圧制のもとにあった沖縄の人たちのあいだに伝えられている、「弱いものほど、まあすぐれている」（ヤーラヌモノヌド、マアスグリ）ということわざのように、私には欠けている身体にしみこんだしたたかさ、困難を生きぬく鍛えられた力が秘められていたといえるでしょう。

ともあれ、あの漁師さんの告発、そのときの目の色との出会いが、私の人生選択、研究姿勢をふくむ生き方を変えていく一つのきっかけであったことは、たしかです。

A君、おわかりいただけると思いますが、戦争体験が一挙に私を変えるということは、私の場合はなかったと思います。しかし、そこで感性に刻みこまれたものが、戦後社会のさまざまな人や出来ごととの出会いのなかで、そのつど姿かたちをかえて、おもむろに溶けだしてきて、私のあれからの人生選択の方向に影響を与えつづけてきたことは、たしかだと思われます。

少なくとも、「社会改革のための教育」という思いあがりが、いまでは自己嫌悪におちいるほどに恥ずかしく思われるのです。

（1998年）

●注

1　**吉野源三郎**　思想家・ジャーナリスト（一八九九〜一九八一年）。『君たちはどう生きるか』（一九三七年）は、コペル君というあだ名の十五歳の少年が直面する悩み、疑問、発見などをとおして人間の生き方を問いかけた作品で、名著として長く読みつがれている。

2 エーリヒ・フロム アメリカの社会心理学者（一九〇〇〜八〇年）。ドイツに生まれたが、ユダヤ系であるため、ナチスの迫害をのがれてアメリカに渡り、帰化した。おもな著書に、『自由からの逃走』（一九四一年）、『人間における自由』（一九四七年）などがある。

II

教師の仕事を考える

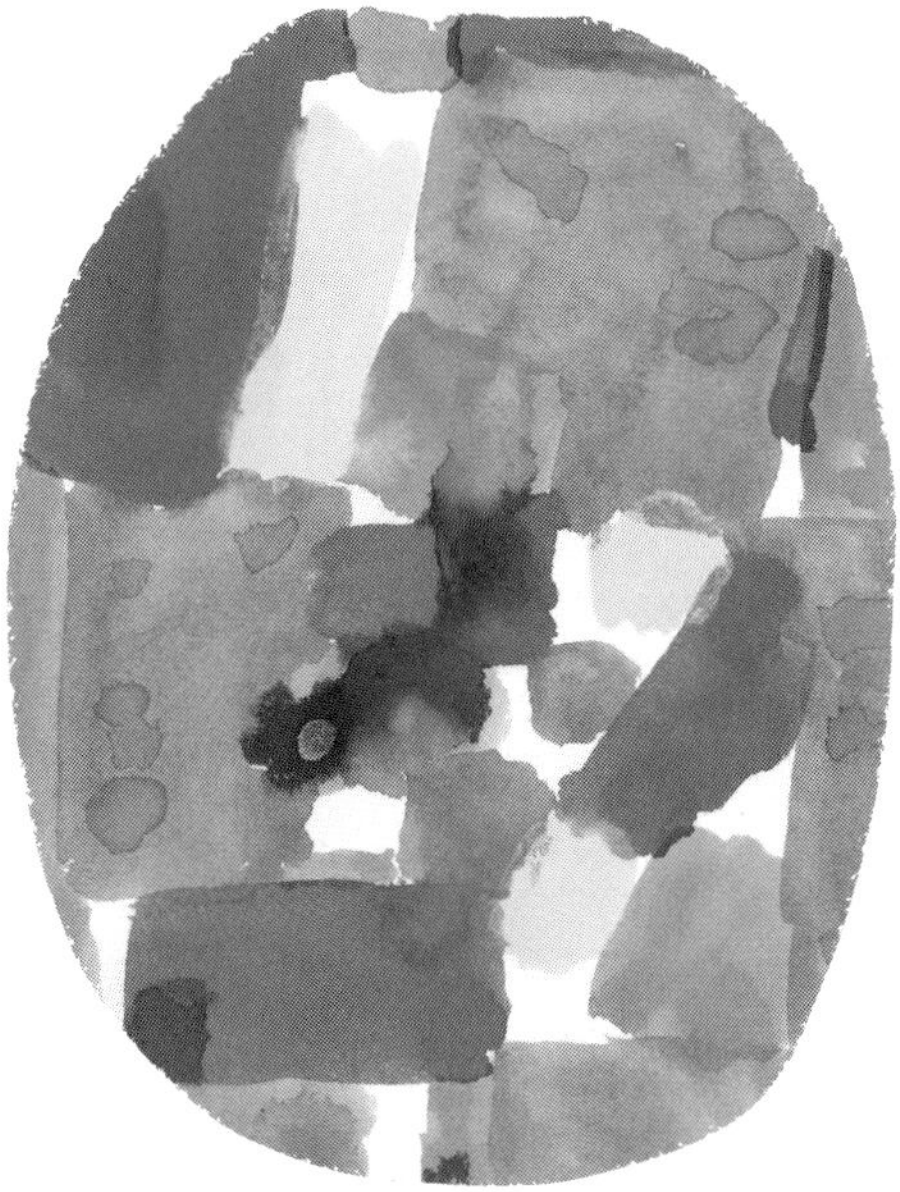

一つの学力論――きき上手ということについて

きき上手とは

わたくしは、ここで、ごく一つの限られた観点から学力というものを考えてみたいと思う。それはたしかに、限られた見方なり考え方であるから、小さい問題であるといえばいえるであろう。しかし、そういうことでもいろいろ考えをめぐらしていくうちに、意外に重要な問題と関係していることになるかもしれない。

わたくしがとりあげてみたいのは、平たくいって「きき上手」の学力という問題である。なんでもないようだが、実はわたくし自身、この種の学力がひどく貧弱であるように思うのである。わたくしはむやみに他人の話を筆記するくせがある。それはわたくしの「きき下手」を何とかおぎなおうという苦肉の一策にすぎない。書きとめたからといって、少しばかり「きき上手」になったかというと、そんなことはほとんどないらしい。実は「きき上手」というのは、人の話をよくきこうという「心がまえ」や、あれこれの小手先の上での工夫、手段をこえたなかなかこみいった、いやわたくしの学力の総力をためされるようなものであって、したがっていねいに書きとったり、きき耳を立てたりということだけで解決のつくことではないようである。

早い話が同じ「鳥のように」ということばを耳できいたばあいでも、経験のせまい小さい子どもにとっては、それがそのまま雀を意味するような場合と、天空をかけまわるいろいろなものを想像できる成人とでは、まるでそれをうけとめる容量にちがいがある。一連のことばの中のほんの一語をとってもそうなのである。こう考えると「きき上手」の学力というものは底のないほどのものなのだろうと思われてくる。

まえに教研大会（日本教職員組合の研究集会／編者注）の討論などに参加していて、司会者が一生懸命になって指示している討議の全体の流れとなんのかかわりもない発言をする教師が次つぎにあらわれて、誰もが当惑をするという場面があり、大会のあとでの講師の感想発表のときなどに、よくそれが話題としてとりあげられたことを思い出す。いまにして考えると、いろいろな事情、条件もあるにはあるが、これもけっきょく教師の「きき上手」の学力のあらわれなのだと考えてみるのである。

他人の発言というものは、いずれにしても自分とは異質な人びとの発言の全体を、全体として理解して、わたくしのもとからもっていたり、当面もっている考え方というものとつき合わせて、わたくし自身のそれとの話の対立点、一致点、差異点といったものを十分吟味して、けっきょくにおいては、すでにもっている自分の考えの中の一部として位置づけるか、ないし自分の考えを、その異質なものを含むような容量をもったものに飛躍させるか、ないしは全く矛盾するものとして拒否するかになるであろう。

「きき上手」の学力というものは、そういう具合に、自分とは異質なものを、自分との関係においてうまく位置づけ、そのいずれのばあいでも、けっきょくは自分の能力というものを絶えまなく太らせていく、持続させながら、しかも飛躍させ、発展させる、そういう力の一環なのではないかと思う。

かかわり合いの中で育つ

そういえば、この同じ「きき上手」の学力が、もっと学力ということばにふさわしい場面で問題になってくることがある。それはわたくしが職業柄、非常にしばしばたずさわる学生の論文やレポートに眼を通す仕事の中でである。そのばあいには、多くが学問的な論文だから、いろいろな書物などからの引用が行なわれている。問題はその引用にかかわることである。つまり、ここでも自分とはことなった他人の研究を、自分の研究のなかにちゃんと位置づけなくてはならないわけだ。「読み上手」といった方がより正確なばあいが多いであろうが、やはり「きき上手」の学力と、その構造においては、重なっているところが多いのではないかと思う。つまりその論文の筆者の学力は、他人の研究の引用のなかに相当よく表現されているように思うのである。

もう一つ例をあげてみると、わたくしたちが外国語を学ぶ過程で、この「きき上手」の学力を体験するばあいがある。外国にいたときの経験として、一定の滞在期間がたつと、急に相手の話が比較的よく理解できるようになったと思われる時期がある。そうして、そのときから異国の言語の拘束から少しばかりは自由になり、表現もいくらか楽になった感じをおぼえるということがあるものだ。
コフカ（ドイツの心理学者、ゲシュタルト心理学の創始者の一人。１８８６〜１９４１／編者注）は、生後一年半の女児が、まだ一言ものをいうことができないのに、必要な事柄について、お母さんと意思を通わせることができたことを観察している。お母さんがなにが欲しいかはわかっていながら、わざと「パンですか」「お乳ですか」とたずねると、いらないものには頭をふり、必要なものはうなずくということが観察されるという。つまりことばの内容の理解は、ことばをしゃべる能力に先行するというのである。コフカは、この事実はあまり学者たちの間で、まだ十分注意されていないと書いているが、古い実験だから、いまではもうずっと研究が進んでいるのかもしれない。

いずれにしても、これらの事実は、学力というか、人間の能力の発達の仕組みというものが、人間をとりかこむ他人をふくむさまざまの状況からの働きかけ、ないしそれへの働きかけ、つまりそれとの対話、対決など相互作用のなかでつくり出される〝相互関係の体系〟とでもいうべきものであることを告げているように思う。このばあい、学力というのは、きっと、一度おぼえたらそれでよいというような丸暗記された方程式のようなものではなくて、他人を含む環境との緊張した一回一回の関係のなかで、常に新たにたしかめられ、再発見されつづけていかれるような、人間主体の内面に生きつづけ、ふとりつづける〝相互関係の体系〟なのではあるまいか。

「きき上手」の学力ということに限定してみても、それは少なくともわたくしたちの学力の発達にかかわる他の人びととの協同の問題でもある。実際人間の人間的知能や学力に関するかぎり、人間と人間との思想交換というものが、いつもわたくしたち自身の学力を支えつづけているというほどのものではないかと思う。支えるばかりでなく、それを発達させる源泉のようなものであろうと思われるのである。

いつか教育雑誌を読んでいたときの記憶だが、それはシンポジウムであったから、一人の提案者に対して、何人かの人が論評を加えていた。その批判者側の一人の発言のなかに、提案者の論文には方法論がまるで不在だというような批評があった。ところで、かりにその論文の方法論に欠陥があったり、不備や矛盾があるのなら、それがなんであるかをこそ指摘すべきことなのであるはずなのだが、それはやらないで、方法論不在ときめつけるのであるから、もとの提案者としても当惑してしまうにちがいないのである。しかしその人の論文のおわりのところには、ぶしつけな批判を謝すという表現があって、提案者たちとの連帯を期待するという意味の文章まで書いてあった。他人の文章を方法論不在などと雑な読み方をしておいて、よく連帯などということがいえるものだと思った。

こういうことは、格別に民主的な運動をすすめようという集団や集団相互の内では、それこそその集団自身の学力の問題として、よくよくいましめ合うことが必要であるばかりでなく、論者自身の「学力」がうたがわれかねないことともなるのである。「きき上手」ということはその個人の学力の問題であるだけでなくその集団の学力の問題でもあるほどに、わたくしにはひどく重大に思える。いわゆるその社会なり集団なりの「文化水準」というようなことも、案外こういうことのなかで地肌が出てくるようなものなのではあるまいか。

偏見を解《と》く

少し話題をひろげたきらいがあるかもしれない。しかしこの「きき上手」「読み上手」の学力は、それによって、異質な見解や判断をトータルに受けとめて、自分の偏見を克服し、はぎとっていく能力だとも考えることができる。つまり「きき上手」というと、ひどくサロン的で、平穏無事なものとのみひびくが、実は自分のこれまでの考えというものが異質な現実にぶつかって、それと格闘ないし、対決して、そこから自分のこれまでの偏見をはいで、新たな現実を発見していくということにかかわっているように思うのである。それはいろいろな状況のばあいが考えられるから、一概にはいえないが、「発見」の喜びがともなうにしても、それ以上に苦しい混迷や、古い自分を脱皮する苦痛が多かれ少なかれともなうばあいがあるだろう。

考えてみると、人間はある意味では仮説や偏見のかたまりのようなものとして生きているように思われる。デカルトの『方法の話』のなかの方法も、けっきょく科学の方法によって、この偏見を克服して、良識を確立していくことがめざされていたのだと思う。近代的な意味の学力のモデルは、こうした偏見を克服していくための科学の成果と方法とを身につけることをいうのであろうと思われる。それが、いつのまにか、人間の心を、底のない袋のように考えて、生きた方法体系から切り離された、孤立した、いわばカン詰になった知識や技術のかたまりを、なんでも多く詰め込めば詰め込むほど学力があるというふうに考えるようになったのは、それなりの事情があったからであろう。すなわち、詰め込みが意味をもつのは、やはり人間が他人を、ないし、みずからを手段としてあつかうということとかかわってのことではないだろうか。つまり権力者が教育を統治の手段としてつかったり、逆に大衆が教育を、もっぱらあれこれのせっぱつまった処世の手段として使ったりするばあいがそれにあたるだろう。少なくとも主体としての人間の精神の発達、主体としての人間の人間らしいそもそもの学力の形成とは、どこかで根本においてちがっていると思うのである。

それではどこがいちばんちがうかというと、上述のようなばあいには、偏見をはぎとることによる自分の立場の発見がともなわない。けっきょく自分自身が人間として太れないということであろうと思う。学者の専門的な勉強にしても、そういう不毛なものが少なくないのではないだろうか。つまり飯をくったり地位に安んじたりする手段としての学力というのは、そういうものなのであろう。自分自身の切実な生き方の課題をも含めて、いまの世界史的現実のなかでの人類的な課題とかかわりのない専門的学力ということであろう。自戒すべきことだと思うのである。

偏見をはぐということは、まるでたまねぎの皮でもむくように、はげばはぐほど細くなり、無立場になるということではない。はげばはぐほど、自分の立場や自分のとっている仮説への自覚が鮮明になるということであろうと思う。それは、物を見、話をきき、現実と対決する「方法」を確立することであり、やがては、その方法を行使する自分の観点なり立場そのものを、いよいよ明確にしていくことなのであろう。他人の思想とのきしみ合いのなかで、発達心理学的にいえば、「個人の知覚や自然発生的な直感を自己中心的な見地から解放し、関係の体系を打ち立てる」ということにもなるだろう。そうしてこのような力をたくわえていくのには、ピアジェも認めているように、「見地の協調作用」、多くの個人の協同、思想の交換が不可欠なのであり、それは、詰め込みにともなう拘束とは全く性質がちがうものなのである。相互の間でもって、厳しいが、透明で、真理がいつもあらゆるものに優先して、偏見のはぎとりが行なわれつづけていくような集団のなかで、わたくしたちの学力は生きてたくわえられ、持続させられるとともに飛躍し、発展させられるのだと思う。

わたくしが、斎藤喜博さんを中心とする島小学校の実践に強く惹きつけられてきた理由の一つは、このようなところにあったように思う。あそこでは、真理とか美とかいうものの本質から、厳しく偏見をはぎとり合う透明な人間関係が構成されていたように思う。岩波新書『解放の囚人』（阿部知二訳）という上下二冊の本のなかに、中国の獄舎に、スパイ容疑でつながれた米人夫妻の体験の記録がおさめられているが、いわゆる〝洗脳〟などと日本でいわれることとはちがって、真理のきびしさの前に人間を裸にし、そこからかえって自分の立場を発見していく道すじがよく出ていた。人種的偏見のはぎとりの場面などには、格別に迫力があったのだが、そういうものを島小学校の授業でも感じていた。

集団主義の生活指導ということがいわれて久しいが、わたくしは、これを、むしろ、いままで述べてきたような意味での学力の形成といった観点から考えていくのも、一つの方法ではないかと考える。その方が〝集団づくり〟という発想よりも、なんとなくわたくしには自然なように思われるし、現代における学校固有の機能とかかわっての人間能力の開花発掘という広い地平のうえで、いろいろな創意が出てきそうに思えるのだがどうだろうか。

〝生き〟の〝ものさし〟——数値化の不毛性について

「きき上手」の学力などといった妙ないい方にわたくし自身抵抗を感じないわけではないのだが、あまり意味のないテストの評点や席次やらが人格性をあたえられて、大手をふって歩きまわっているような事情のなかで、学力というものを少しでも人間の人間らしい活力とそのダイナミックスとにおいてとらえてみるためのほんの一つの見方ではあると思っている。つまり日常的な、だがたゆみない人間らしい生き方のなかに学力をおいて考えてみると、こうもいえるかと思うのである。

わたくしは、人間が生きているということの証拠は、人間が問題をもって生きていることだと考えてきた。「問」と「答」との間《ま》のはりつめた緊張が、子どもやおとなの内面で燃えつづけている限り、人間はなお人間らしく生きていることなのだと考える。テスト教育のことを

「問」と「答」との間《ま》が失われているなどといって批判してきたのも、このような考え方からであったのである。わりきった答だけをもって生きている人間というものは、魅力がないばかりか、厳密な意味で人間であるかどうかも疑わしい。

しかし実際は、きまりきった「問」にきまりきった「答」を出す人間、わたくしにいわせると、「最大の能率・最小の個性」ともいうべき昆虫のような人間が、いまの教育のなかでは求められ、また当然のこととして日々の授業のなかでつくり出されているように思えてならない。またいわゆる「できる子」の多くがそういう能率的な人間の典型であったりする。「高校の多様化」などで考えられている学力観も、まさにこういうもののように思われる。「きき上手」の学力というものも、わたくしのまわりの現実、それはわたくしたちを支えてくれるとともに、牙をむいておそいかかるようなものでもあるのだが、そういう現実との対話における「きき上手」というふうに考えると、かなり一般的な意味をもってくると思う。わたくしたちは、そういう現実との対決のなかで、現実の秩序や法則をつかみとり、現実を再発見し、やがてそれを変えていくために必要な自分の学力、〝相互関係の体系〟をいよいよ生き生きと豊かなものにする。それはまた、ますます「問」と「答」との間の燃焼力を増し、探求的な生きぶりを持続し、発展させるということにつながっていくのである。

こう考えると、わたくしたちは、知能指数やアチーブの点数で学力を評価するのでは全く不十分であって、その人間の人間的探求心の質によって、いわば〝生き〟のよさ、わるさでもって学力というものを考えなくては、人間能力のもっとも本質的なものを見落とすことになると思う。近藤原理氏もいつか語っていたが、心身障がい児の教育についても、「あれができる」「これもできる」というふうに育てたからといって、それがただちによい教育とは必ずしもいえない。もっと別のものさしがあるのだという。それがわたくしのいう〝生き〟のものさしなのである。つまり人間的な、探求的な、活力を育てることなのだ。それはおそらくなにも、できない重心身障がい児のかすかな眼の輝きや、身のこなしにも表現されてくるもので、よい教師の生きがいとなるものなのである。そういう子どもの施設の一つに就職したばかりのわたくしの若い甥は、そういって彼自身の眼を輝かせていた。

現実との対決、対話における「きき上手」、活力にみちた探求的な人間というものは、ただ個人の生き方の問題として考えればよいというのではない。現実との対話、対決のなかでわたくしたちが偏見をはぎとりながら、自分たちの立場を自覚するということは、より深く高いレベルの人間的連帯を創造し、発展させることなのであり、それによって、わたくしたちの学力＝〝相互関係の体系〟は、いよいよ洗練されることになるのであろう。

いわゆる「学力」を身につけることが、人間をますますバラバラにするといういまの現実のなかにあっては、夢物語のようでもあるが、わたくしたちが本来回復しなくてはならない学力というものは、本質的に人と人とをより広くより深く結びつけるためのものとしてあるはずである。目下の困難は容易なものではないが、人間はそういうものをめざして生きてきたのだし、これからもそうありつづけることで人間であることのあかしを示しつづけるのだと思う。こういうふうに考えてくると、「きき上手」といった平俗であり、日常的でもあるわたくしたちの能力、学力も、歴史をつくる学力ということに、かなり本質的につながっていることがわかるように思う。

現実に対しててていねいに耳をかたむけ、これと執念をもって対決、格闘し、混迷、ためらい、ゆきどまりをたっぷりと経験しながら、間《ま》をとり時間をかけて、一歩一歩着実に飛躍していくそういう一見、「内気」だったり「消極的」だったり、ときに鈍重だったりする子どもは、現代っ子には縁遠いことなのであろうか。それには、小さな胸のなかに、偉大な展望をもった混迷をかかえているのかも知れない子どもたちを、通信簿の記入欄の一隅で、「消極的」だとか「内気」だとか烙印して、平気でいる教師や、それ以上に、それをとりまくいまの社会の体質に大きな責任があるように思われるのである。

（1968年）

〝せっかち〟について考える——「いま」を生きる時間を求めて

中国流と日本流——二つの時間の質

一九八五年一一月六日、私たちを乗せた二台の乗用車は、武漢空港へと急いだ。深い霧で、視界は閉じられていた。同乗した見送りの中国教育学会副会長の張健さんは、しきりに「すまない」「すまない」を連発していた。

私の第二回目の中国の旅は、昨日までじつに順調だった。三〇日に成田を発って、上海を経て重慶、そこからは中国教育学会の好意で、長江の流れにのって絶景三峡を経て、武漢まで下る二泊三日の船旅、武漢での中国教育学会第二回大会での講演も無事にすませていた。その翌日である六日には、武漢師範大学や、小・中学校を訪問して、夜の飛行機で上海を経て、帰国の途につくことになっていた。

ところが、昨夜になって急に今日の夕方の飛行機が利用できないことになった。ホテルが座席の予約をとるのに手落ちをしたらしいということであったが、詳細は私たちにはわからない。中国教育学会の幹部、とくに、私たちの通訳や世話いっさいをやっていた金世柏氏は、昨夜は眠れないほど心をいため、何とかならないかと交渉をくり返していたようだ。

一行のなかで、私は、どうしても今日中に飛行機に乗らないと八日に横浜で開かれる毎日新聞社主催のシンポジウムに出席することができないことを、あらかじめ先方に知らせてあった。そこで、六日中に予定されていた武漢での大学や学校の訪問予定はいっさい中止、にわかに早朝の飛行機で出発することになったのである。私の方も困ったことであったが、六日の私たちが訪問する予定になっていた大学の先生や学校の生徒たちの方も、いろいろな歓迎計画はすべて中止となり、そちらもがっかりということで、学会幹部の当惑はたいへんなものであった。張健副会長の車のなかでの平あやまりは、そういう事情からであった。

だが、私の方は張健さんとは少しちがった考え方が、頭のなかをしきりによぎっていた。

じつは、この私たちの参加した中国教育学会の大会は、この年のはじめころの先方との話し合いでは、一一月中旬の週に予定されていた。それが一カ月ほど前になって急に、一週間くり上げて上旬開催ときまったという連絡があった。これにはこちらがまったくおどろいた。当然のことだが、すでに中旬の訪中の日時をのぞいて、一一月上旬の約束をした会合が私の日程表にくみこまれていた。一時は残念ながら参加できないという電報を中国側に送ったほどであった。

しかし、先約済みの先々に平あやまりにあやまって、変更、取り消しをねがうことで、やっとこさ、訪中決行となった。国際間のことであり、記念講演も引き受けていることだから、先方はさぞ困るだろうという配慮もあったからである。車のなかで私はそのことも頭のなかに思い浮かべていた。それやこれやを合わせ考えて、中国流の時間の観念と、私たちのそれとのあいだに、かなりのギャップがあるという思いがあった。

私は、そのことを率直に言った。私たちの国では、私自身も含めて人々は、あまりに時間に追いまわされている。まるで時間のために生きているようだ。それにたいしてお国では、ちょうど私どもがその流れにのってくだってきた長江の悠々たる流れのように、仕事があって時間があるという感じがなお強いように思う。私はむしろお国の時間の観念の方をうらやましく思いますと言った。そして、時間をどう考えるかは文明の根本問題ですねとつけ加えた。

私は、相手を慰めるために言ったのではなかった。それがどうも真実だという実感があったからだ。それにたいして先方は、「いや、日本の人々は時間も合理的に使っている、こちらはどうも何をやっても、その辺がそつなくいきません」という返事がかえってきた。通じ合わなかったなあという印象が残った。

時間の問題だけでなく、いろんなことでそれに似たくいちがいがあった。つまり、私たちが中国のなかに見出している価値と中国側が私たちのなかに見出している価値とのあいだには、すれちがいがあった。もっといえば、中国が価値としている日本の近代化が、私たちにとってはどちらかというと、負の遺産としてとらえられ、中国側がおくれをとっていると考えている部分に、私たちが価値を再発見するという関係である。時間についても同じようなずれが見られるように思われた。

飛行機は、霧のため動く気配もなかった。出発したときはもう午後になっていた。だれも文句も言わず悠々たるものだった。安全第一主義ということだった。

時間について思い出すのは、『道草』のなかでの主人公健三についての、漱石の記述である。

「健三は実際その日その日の仕事に追われていた。家に帰ってからも気楽に使える時間は少しもなかった。その上彼は自分の読みたいものを読んだり、書きたい事を書いたり、考えたい問題を考えたりしたかった。それで彼の心は殆《ほと》んど余裕というものを知らなかった。彼は始終机の前にこびり着いていた。……そうして自分の時間に対する態度が、恰《あたか》も守銭奴のそれに似通っている事には、丸で気がつかなかった。」

時間に対する態度が守銭奴だということは、それを気づかぬことによって、まったく時間にふりまわされていることだ。孤独と我執、かえって、自分がみえなくなっている人間が描かれている『道草』は、一九一五年の作品である。日本の近代化は、こう考えると、人びとの孤独化、時間への隷属をだんだん深めていく過程でもあったのだろうか。

「ぬすまれた時間」をとりもどす

時間と文明の問題にかかわって思い出すのは、ミヒャエル・エンデの文学作品『モモ』のことである。エンデといえば、去年の夏、「子どもの本」国際会議で東京にきた。たまたまテレビのインタビューで、偶然、エンデが語るのをみた。彼の児童文学は、たしかに世界中の子どもたちに読まれ、親しまれている。しかし、当のエンデ自身は、文学を通じて子どもたちに語りかけると同時に、九十歳の老人のなかにもある「子ども性」に語りかけるのだという意味のことを言っていたのが、耳に残った。

言うところの「子ども性」とは何であるかの説明はなかったように思うが、『モモ』のなかでのエンデの述懐から解釈すれば、「たのしいと思うこと、夢中になること、夢みること」、これをすこしばかり大人ふうにいえば、利害、損得をこえた好奇心とか探求心に訴えるということではないかと思う。「好奇心」といっても、写真週刊誌の「のぞき趣味」といったものに矮小化されてはこまる。あの、子どもたちがとてもよく私たちにみせてくれる生きた眼の色に象徴されるもの、問うことをおそれず、「何のために」ということではなく、ただひたすら、知ること自体の欲求充足を目的とするもの、探求すれど、それによって何かの得があるわけではないが、それだけの充実感があるもの、いま、いまを充実して生きる、いま、いまこそ権威というものなのである。

時間というものも、そういう充実感によってすごされたとき、私たちは時間を支配しているといういわば人間的な状態であって、それは、時間に追いまわされているといういまの私たちの日常とはまったく対照的な姿なのである。エンデの『モモ』は、現代社会と時間という大問題をメルヘンの世界を通じてみごとに浮きぼりにした傑作だと思う。結局は人間が生み出したものなのだが、作品のなかでは、怪しげな「灰色の紳士」たちによって運営されている「時間貯蓄銀行」が、本来、一人ひとりの人間の心のなかにあたえられている時間をかたっぱしから奪いとっては、せっせと自分たちの地下銀行に貯蓄をしていく。それによって自分たちの生きる時間をたくわえる。時間を奪われた人間たちの方は、たちまちあくせくと時間節約を強いられて働かされる。

たとえば、ここでの主人公・浮浪の少女「モモ」の親友である道路掃除夫のベッポの場合はこうだ。

年老いて腰の曲ったこの男は、頭が少しへんじゃあないかと世間からは思われている。というのは、人がものを聞いてもニコニコ笑うばかりで、返事をしない。

この男は、問われたことを時間をかけてじっくり考える。「問い」と「答え」の間《ま》の長い男なのだ。この男の働きぶりはといえばこうだ。

……ひとあしすすんではひと呼吸《いき》し、ひと呼吸ついては、ほうきでひとはきします。ひとあし――ひと呼吸――ひとはき。……ときどきちょっと足をとめて、まえのほうをぼんやりながめながら、もの思いにふけります。それからまたすすみます――ひとあし――ひと呼吸――ひとはき――

「いちどに道路ぜんぶのことを考えてはいかん、わかるかな？　つぎの一歩のことだけ、つぎのひと呼吸のことだけ、つぎのひとはきのことだけ考えるんだ。……」

またひとやすみして、考えこみ、それから、「するとたのしくなってくる。これがだいじなんだな、たのしければ、仕事がうまくはかどる。……」

そしてまたまた長い休みをとってから、

「ひょっと気がついたときには、一歩一歩すすんできた道路がぜんぶ終わっとる。どうやってやりとげたかは、じぶんでもわからん。」彼はひとりうなずいて、こう結びます。

「これがだいじなんだ。」

（ミヒャエル・エンデ『モモ』大島かおり訳）

ところが、灰色の紳士に時間を奪われたベッポは、もういぜんのように、ひと足すすんではひと呼吸、ひと呼吸ついてはほうきでひとはき、というのではない。せかせかと、仕事への愛情などまるでもたず、ただただ、時間を節約するためだけに働く。

だが、灰色の男たちの最大の難事業は、子どもの時間を奪うことだ。

「子どもというのは、われわれの天敵だ。子どもさえいなければ、人間どもはとうにわれわれの手中に完全に落ちているはずだ。子どもの時間を節約させるのは、ほかの人間の場合よりはるかにむずかしい。だから、われわれのもっともきびしい掟のひとつに、子どもに手を出すのは最後にせよ、というのがきめられているのだ。」

だが、モモが時間供給所の管理人、マイスター・ホラ（仙人のような男）を訪ね、そこで地球が太陽を一まわりするあいだの眠りについているうちに、子どもたちは、あの灰色の男たちのたくらみにのって、大人たちを通じてだんだん小さな時間貯蓄家にかえられていく。

大人たちは考える。

「子どもは未来の人的資源だ。これからはジェット機と電子頭脳の時代になる。こういう機械をぜんぶ使いこなせるようにするには、大量の専門技術者や専門労働者が必要ですぞ。ところがわれわれは、子どもたちをあすのこういう世界のために教育するどころか、あいもかわらず、彼らの貴重な時間のほとんどを、役にも立たない遊びに浪費させるままにしている。このようなことは、われわれの文明にとって恥辱だし、未来の人類に対する犯罪ですぞ！」

こうなると、どこか遠い国の話ではなくなる。

ぶらぶらしている子どもたちは、それぞれの地区の「子ども の 家《インテリジェント・スクール》」に収容、管理される。しだいに子どもたちは、小さな時間貯蓄家の顔つきになる。やれと命じられたことを、いやいやながら、おもしろくなさそうに、ふくれっつらでやる。そうして、じぶんのすきなようにやれと言われると、こんどはなにをしたらいいか、ぜんぜんわからない。たった一つ子どもにやれたこと、それはさわぐこと、ほがらかにはしゃぐのではなく、腹だちまぎれの、とげとげしいさわぎか、ずっこけたむなしいさわぎたてだ。

大人の症状はもっとひどいことになる。〝致死的退屈症〟。私に言わせれば〝めあてのない欲求不満〟〝実存的欲求不満〟だ。つまり、〝めあて〟が矮小化して深刻な欲求不満におよび、死にいたる病――絶望（キェルケゴール）に接近する。なにごとについても関心がなくなり、無気力な気分になる。ゆううつで、心のなかはからっぽ、じぶんにたいしても、世の中にたいしても、不満がつのる。

「わたしはいままで、人間がじぶんの力でこの悪霊どもの手からのがれるようになるのを待っていた。その気になればできたはずだ。とにかく、やつら（時間どろぼう）の生まれるのをたすけたのは、人間じしんなのだから。しかしいまとなってはもう待てない。何か手を打たなければ。」

モモの訪れた時間の供給者マイスター・ホラも、人間に愛想をつかしはじめる。だが、マイスター・ホラの最後の期待にこたえて、モモの大仕事がはじまる。モモは不思議な浮浪の少女だ。だまって、円形劇場の廃墟の一隅に住み、彼女を訪れるものの話をひたすらきく。小さいモモにできたことはただそれだけ。そのうちに話しかけた人物の方が、自分で自分の問いを解く。「ノン・ディレクティブ・カウンセリング」というのがある。ありのままに話すことによる「生活綴方」の手法が、たくまずして相手に答えをみつけさせる。実際、ほんとうに虚心に相手の話を聞くということのできるものは稀なのかも知れない。浮浪児モモはこうしたおどろくべき能力の所有者ともいえる。子どもたちも、彼女とともにいるときほど楽しく遊べるときはない。

「時間貯蓄銀行」の灰色の男たちにとっても、こうしたモモがもっともむずかしい相手だ。子どもたちまで手中にした灰色の男たちと、最後まで手をつけかねるモモとの対決がこのストーリーのクライマックスなのだが、スローモーのカメを伴ったおおらかで無心なモモにこの灰色の男たち、時間どろぼうは、ことごとに手をやく。モモは、時間の供給者マイスター・ホラの指示にしたがって、スローだがスリルにみちた手順をふんで、男たちを自滅に追いこみ、最後には地下時間貯蓄銀行の扉を開いて、人間たちがぬすまれた時間を、時間どろぼうから再びとり返す大仕事をやってのける。

街々には再び、かつてののびやかにその日その日の仕事と生活《くらし》とを楽しむ賑いがかえってくる。

「時間どろぼうと、ぬすまれた時間を人間にとり返してくれた女の子のふしぎな物語」という長い副題をもった『モモ』の話は、今日私たちが生きる効率本位の社会と、そこでの人間の生きざまとをみごとに浮きぼりにしてくれている。

人間から個性を奪うもの

私自身は、一九六〇年代のなかばに、「『問い』と『答え』との間《ま》――教育の危機について考える」（一九六五年）を書き、「二つの学力論――きき上手の学力」（一九六八年）を書いた。だが、この日本社会の大変革期の二十数年のあいだに、私自身が「問い」と「答え」の間《ま》を奪われ、他人の話をききとるゆとりが知らぬまに衰弱してきていることを思わずにはいられない。私の愛する「モモ」から、〝せっかちさ〟を、おだやかに、やさしく、そしてささやくようにたしなめられているように思う。

モモのもう一人の親友、ベッポと対照的に、おしゃべりで独創《ファンタスティック》的な観光ガイド、若もののジジは、考え考えの道路清掃夫ベッポにくらべて、灰色の男、「時間どろぼう」の手中に比較的容易におちこんでいく。モモが眠っているあいだに、この観光ガイドはたちまちこの国の人気タレントになりあがる。ラジオ、テレビに出演して何百万の人に物語を話し、出演料をがっぽがっぽとかせぐ。いまでは観光ガイド時代の一つ一つの独創的な物語はできなくなる。時間を奪われているのだ。たった一つの話の種から五つ、六つとちょっとだけちがう話をつくり出す。それでも、ますます世間の需要は高まる。東奔西走、女秘書三人をひきつれて飛行機で多忙にとびまわる。長い眠りからさめて円形劇場に帰りついたモモとも、ことばをゆっくりかわすいとますらもない。それでも、かつてのベッポやモモとのおおらかなつきあいが心のどこかに残っていて、自分のいまの生きざまを脱け出ようと決心はする。

そして、モモから教えられた「時間どろぼう」のからくりを、多ぜいの人々に暴露して、人びとのけっ起を促そうとさえたくらんだりするのだが、たちまち、灰色の男たちの脅迫によって、それを果たすことができない。マイスター・ホラのところで眠りつづけていたモモを探し出そうと試みたときも、あきらめよと迫られる。いまのおれはイカサマ師だと自ら思いつづけながら、ずるずるとこれまでどおりの生活に引きもどされる。

結局、聴衆の道化となり、あやつり人形のくらしに帰る。自己嫌悪を感じつつ、ますます鉄面皮なうそを言い、そしてあるときは感傷的になる。ところが、それが失敗どころか、人々はそれこそが新しいスタイルの物語だとほめそやす。

世紀末的なこの現実からの抜けみちはどこにあるのだろうか。エンデの流儀に従えば、救世主は子どもたちであり、とりわけモモに象徴されるような人間性、失った人間性のとりもどし以外にはない。

私たちの時間観念についていえば、「問い」と「答え」のあいだに間《ま》をおく、ゆっくりと時間をかけて考えることは、いまの私たちの社会ではほとんど悪である。より早く、より効率的に、それが物の価値尺度として四六時中働く。こうした時代の徴候は、ある時期に私自身かなり強く意識してはいた。

あれは、一九六〇年代のなかばころではなかったか。『毎日新聞』の社会面の見出しに、大げさに言えば戦慄をおぼえた記憶がある。その見出しはこうあった。

温泉で孵化して、冷房でなかせる。

なぜ戦慄したかさだかではないが、この「見出し」を人間にたいする何かと思いちがえての直観的印象からだったと思う。記事の内容そのものは、人間のことではなくて、じつはマツムシのことであった。温かい温泉地で卵をかえして育て、冷房のなかで秋を思わせて早めに鳴かせよう――つまり、マツムシの速成栽培のことであった。人間でなくていささかほっとはしたものの、やはりそのころから漸次あらわになってきた一つの社会的動向が、そこには象徴されていたのだ。

生命あるもののもっている成長発達のすじみちに、人間の「時間どろぼう」が介入をはじめていたのである。これは、高度に発達した科学技術による工業社会の論理である。だが、これは、自然の生命が手固く順序をふんで実りゆく農耕社会の論理からすると大いなる異端なのではあるまいか。早ければよい、高く売れればよいという時間観念は、手間どる時間を悪にみて、効率化を一途《いちず》に追求する。

私は、このマツムシの速成栽培の姿を人間への「能力主義教育」にもみて、「最大の能率、最小の個性」と当時から呼んで批判してきた。生きものが熟していく時間は、私には神の摂理、自然の摂理であって、人為によって勝手にいじりまわすことにはひどく抵抗を感じる。これは、やっぱり「時間どろぼう」のしわざだと私は思う。たしかに、工業社会の論理は、遠慮なく生きもの、そして人間自身を支配しはじめている。だが、ものの世界の論理を、短絡的に生命に適用することで、生態系にいずれ大きな破たんをさしまねくことになるのではあるまいか。いや、それはすでに、さまざまの形で問題の発生が自覚されはじめている。

「いま」を生きる

毎月一回私宅を会場に利用していただいている教育科学研究会「地域と教育」分科会では、何回か、中学校、高校での農業実習が研究課題としてとりあげられた。観光本位の修学旅行の改善から、もっと有意義な旅行へ、たとえば、ヒロシマ・ナガサキへの平和学習を中心とする旅行、そして農業実習旅行の発展というすじみちをたどる傾向があるのも興味があった。

枕の投げ合い、観光本位の旅行の方がいいとがんばるつっぱりグループを説得して、もしおもしろくなかったら先生の方でお金を払ってもいいと、かけをするつもりで連れていった農業実習、二泊三日とか四日の短いものだが、子どもたちは俄然ひきつけられてしまう。反対したつっぱりたちがかえっていちばん感動し、受験勉強にひたり込んだいわゆる「できる」子どもの方が時間を損したような顔をするという話もあった。でも、砂漠のような大都会から農村に出むき、土を踏み、手足を使って小さな生命とつき合い、それを世話をしてきた人びと、農民との出会いを通じて、ほとんど例外なく子どもたちは感動し、ひきつけられたという。

何がかれらをそうさせたのだろうかということも、しきりに論ぜられた。第一次産業のもつ教育力、土の上で働く農家の人たちの人間味との出会い、労働からシャット・アウトされ、生きものからも切り離された生活のなかに育つ子どもたちの出会ったもの、異質なものとの出会いによる衝撃など、さまざまのことが考えられる。そして、そのいずれももっともな一面をもっている。だが、いままで述べてきた筆者のすじにあえて引き寄せれば、時間の観念のちがう世界のなかで、あらためて自分を見直すということにも、一つの理由を見出すことができるかもしれない。

最初に述べた、中国社会と私たちの社会とのちがいに対応するようなところがあるように思う。

〝めあて〟を立てて、自然の摂理による植物の成育を助けながら、時が熟し、実が結ばれていくのをまちのぞむ。年間を通じてのそのプロセスのひと節《ふし》、ひと節を、せいいっぱい働きかけ、世話をしていく農民たち。その自然の摂理が熟する時間の長い系列を、子ども心に漠然としたものであっても、一応の見通しのなかで労働のほんの一部とはいえ参加して自分をたしかめてみる。それは、学校の文字どおり時間刻みの勉強や分刻みの都会生活では到底味わいえないものであって、子ども・若ものだからこそ鋭い臭覚でつかみとることができるものではあるまいか。子どもたちの内面にある、なお大人たちに汚染されきれないでいる「子ども性」が農業の残している自然のリズムに共鳴し合うのではないか。

問題は、こうした学習体験が、学校生活の主要な流れから遠くはなれたところで、からくも「子ども性」を充足させうるということである。それもすぐれた教師たちの日常のめくばりの蓄積があってこそのことである。そうして、学校生活の本流は、こまかな時間に切りさいなまれ、時間に追いまくられて過ぎ去っていく。「問い」と「答え」の間を失わせる、つまり、人間の本質である考えることを奪い去るようなテスト教育にほとんど占有され、「時間どろぼう」のじゅうりんに委ねられたままだということである。

学校生活の全体がいつも、何かのための手段として浪費されている。一刻一刻の充実感、たのしみ、夢中で生きる、夢みる「子ども性」がことごとく犠牲となっている。中学にはいるために小学校へ、高校にはいるために中学校へ、大学にはいるための高校、そして一流の社会的地位獲得のための大学、さらに退職後の平安をめざしての貯蓄、それもきびしい競り合いのなかでのゆとりのない生活、これが日本人の一生とも言える。

「いったい日本人は、生きるということを知っているのだろうか。小学校の門をくぐってからというものは、一しょう懸命にこの学校時代を馳け抜けようとする。その先には生活があると思うのである。学校というものを離れて職業にあり付くと、その職業をなし遂げてしまおうとする。その先には生活があると思うのである。そしてその先には生活はないのである。

現在は過去と未来との間に画した一線である。この線の上に生活がなくては、生活はどこにもないのである。」

（森鷗外『青年』から、一九一一年）

さすがに鷗外は、人間にとっての時間の本質を過去と未来とを画した一線上の現在の生活そのものとしてとらえる。つまり、時間は生活であって、時計によって刻まれるもの以上のものとして、すでにこの世紀のはじめに、みごとに看破している。

人間性の最後の砦、「子ども性」の開花

そうして、じつは、いままでは子どもがこの洞察にもっともすなおに共鳴できる地肌からの感応力を備えているように思う。ちょうど、浮浪少女モモが、マイスター・ホラの、時間とは何かのなぞをみごとに解いたようにである。エンデは、モモから、この鷗外とほとんど同じ答え

を引き出している。だから、子どもは、「時間どろぼう」にとっては天敵だが、人間にとってはその本性を守る最後の砦《とりで》と考えることができる。いままで述べたすじからすれば、「モモ」のなかに生きる「子ども性」を、私たち大人がどう学びとり、いまの子どもたちの「子ども性」の開花に、新しい文明の地平開拓の期待をこめてどう対応をするかということである。

新幹線ができたとき、こんなものにめったに乗るものかと思い、いまでは結局それにおんぶしきってしまう私である。衛星テレビ放送二四時間、なんて馬鹿ばかしいことを考えるものだと本気で思うのだが、新幹線と同じ運命に引き込まれる可能性は充分ある。

何も工業社会を全面的に否定するわけではない。効率が人間を解放する側面を見失ってはいけないこともわかっているつもりだ。しかし、それが人間の本性をゆがめていることも事実である。「子ども性」を効率によってゆがめる教育がどんなにはびこっていることか。人が人になる時間は、決して、効率の原理に占有をゆだねるわけにはいかない。効率に屈しない成熟への秩序をかたくなに守らねばならない。その節度をどこにおくか、それがたんに教育だけでなく、今日の文明そのものの大問題なのである。

時間はなるべく少なくなる方がよいとする、時間必要悪の観念のとりこになることから抜け出したい。〝めあて〟をもって充実した仕事と生活とを一つひとつなしとげる時間、「いま」をかぎりなくたいせつにする、より本質的な時間の観念を、本来子どものもつ健康な時間観念と重ね合わせて生きること、それができたらとつくづく思う。

（1987年）

真理はこれだと権力者がいうことはできない
――国家の『学習指導要領』による拘束は公教育の原理に反する

「一体、教則本とか学校の教育課程というようなものは、なるほど進歩を促すこともあろうが、その反面、一面的且つ固陋《ころう》にもする。あなた方教師は、何たる罪つくりだろう」

（シューマン『音楽と音楽家』より）

国権・定食メニューで子どもは育つか

『学習指導要領』や、それにもとづく教科書というのは、子どもたちの発達を促す、いわば文化メニューという性格をもっているはずだ。そこで、改訂があるたびに問題になるのが、そのメニューがどう変わったかだ。マスコミは、ここを先途と、これまでとのちがいをきわだたせて、いわゆるニュース・バリューを高めようとする。反権力のジャーナリズムも「戦後最悪のメニュー改訂だ」と強調する。

たしかに、メニューの内容を問うことはもっともだし、今回の改訂でいえば、社会科の解体、それにみあう押しつけ「道徳」の突出、とりわけ「日の丸・君が代」の国旗・国歌としての「強制」など、数かずの問題点があり、それを不問ですますわけにはいかない。

だが、そのまえに、多くの「進歩的」な父母・教師のあいだで、「もうわかっている」と比較的かんたんに片づけられている問題にあえてふれておく。私には、なおそれが必要なことと思われるからだ。

それは、公示されているメニュー全体の性格にかかわることで、『学習指導要領』が国の用意した定食メニューか、それともさまざまな子どものニーズと、それに呼応する教師にとって選択可能なア・ラ・カルトの一つかという問題にも関することである。

よく知られていることだが、敗戦直後の教育改革では、『学習指導要領』は「試案」であり、教師の創造的な教育活動の参考資料と位置づけられた。それは、敗戦直後のどさくさまぎれにできた「とりあえず」の試みの案という意味ではなかった。アメリカの占領政策とのかかわりもあるけれど、同時に過去の苦い経験からして、教育を国の独占支配から自立させ、子どもを教育の主人公として、人としての発達を促す教育の条理から、そういう配慮が行なわれたものだ。

この教育条理が人びとのあいだに定着していれば、おそらく「試案」はやすやすととり去られることはなかったはずだ。

ところが、これが、憲法・教育基本法の精神を棚上げして、一九五五年の高等学校『学習指導要領・一般編』、一九五八年の小・中学校『学習指導要領』の改訂から「試案」の二字が消され、文部省当局は、「官報告示」というお役所手続きによってこれに「法的拘束力」をもたせ、また、『文部広報』『文部時報』などを通じて教育現場に強引に押しつけてくる。

以来、すでに三〇年をこえている。だから、戦前・戦後を通算すると、敗戦後のわずか一〇年余をのぞいて、じつに二〇世紀のほとんどの期間、教育課程は国によって与えられる定食メニューであったのだ。

この教育課程という「かわらぬもの」の居すわり、それを「もうわかっている」という素通りではすまされないように私には思えるが、どうだろうか。そこがとことん人びとのあいだでわかりあえないかぎり、今回のように、「日の丸・君が代」が、法的な拘束性をもつ『学習指導要領』のなかにはっきりとうたわれるようなひどいことがおこっても、またまた、やすやすとこれを学校行事のなかに定着させてしまうことになるのである。権力のやることもじつに傍若無人だが、それをおめおめと許容する精神風土がまことに怖い。

実際、文部省は五月二三日（一九九〇年）、全国連合小学校長会を招集した。その席上、初中局長が、「日の丸・君が代」に法令上の規定のないことは認めたが、慣習法として国旗であり、国歌だと強弁した。そして、『学習指導要領』のなかで、学校行事などの機会に国旗の掲揚、国歌の斉唱を「指導するものとする」と明記されている点について、厚顔にも「学校機関にたいして義務を示したものであり、しなければならないというのとおなじ意味だ」と述べたという。

フランス革命にみる公教育の原理

いささか遠まわりのようだが、問題を歴史的にさかのぼって考えてみたい。

ことし（一九九〇年）はフランス革命二〇〇年にあたる。近代革命のなかで、この革命がもっとも深く人権の自覚に達したものとの評価がある。じつは、この革命のなかではじめて、すべての人は、その人権の有機的な一部として教育をうける権利を有するという自覚に、その指導者たちが到達していた。そこに私はイギリス革命・アメリカ革命にはなお見いだせないフランス革命の進歩性をみる。

かりに法律が私に完全な権利を保障してくれているとしても、その権利を行使する能力は、私自身がみずから発達させるほかはない。たとえば、言論の自由の保障があっても、私がそれを行使していく能力を私のなかにもつのでなかったら、それは保障されないのと実際上かわらないことになる。短くいうと、「人権は内面からの成長だ」ということの自覚が、フランス革命のとき、鮮明に表明されるようになる。

一七九一年一〇月、コンドルセはパリ選出代議士として立法議会にのぞみ、国会に設けられた公教育委員会の議長をつとめる。一七九二年四月二〇日〜二一日の二日間にわたり、有名な「公教育組織に関する報告」が行なわれている。もっとも、この日、フランスはオーストリアに宣戦布告、この公教育法案は日の目をみなかったが、そこにもられた文言・思想は、今日でも人権としての教育を保障する公教育の理想をかなり明確にうちだしている。

そのなかで、すでに述べたように人権としての教育の意味が明らかに自覚されているとともに、教育課程・教育内容のあり方についても、一つの近代原則が以下、述べるように示されている。

すなわち、コンドルセによれば、人間の可能性の限界は、とうていわれわれのうかがい知りうるものではない。ただ、たしかなことは、真理を学ぶことによってのみ人間は発達することができるのだという。

これは人権としての教育において、教育課程・教育内容のあるべき原則を明示したといえる。ここで真理というのは、「日の丸・君が代」のようなイデオロギーや価値的なものはあえて排除した科学的真理として理解すべきであろう。

科学的真理はせまい主観を押しひろげ、偏見から人びとを解放してくれる。それによって一人ひとりには価値観・感情にちがいはあっても、そのちがいを超えて共通に認められた権利を行使し、かつ社会的義務を果たす自治能力を内面から育ててくれる。このばあいの科学的真理は、その実際的な効用、経済上の効用よりも、むしろ人びとを偏見から解放し、かつ結びつけるものとして考えられている。そういう「啓蒙」の精神がこの原則の背景にあるのだ。

公教育において科学的真理とは

ところで、ここから教育課程にかかわって、重要な二つの問題がでてくる。一つは公教育の教育課程において科学的真理とは何かという問題であり、もう一つはだれがこれを管理するのか、という問題である。これがフランス革命が残し、私たちが持続し、発展させることをいまも求められている課題なのだ。

まえのほうの問題から考えると、公教育の教育内容としての科学的真理とは、なによりも価値観のちがいを超えた客観的な認識能力を未来の市民たちに育てるためのものだ。言語・数の学習がその基礎であることはいうまでもない。これにたいして、「日の丸・君が代」のような国家権力が求める価値的なもの、イデオロギーの画一的な強制にたいしては、きわめて慎重な配慮がなされるのをつねとする。価値観・思想・信条の各個人のあいだでのちがいはそれとして、あくまで尊重しあうことを前提にするからだ。そのちがいを超えて共通にわかちあうべきもの、つまり、ちがいを前提としたパブリック（公共）なものとしての科学的真理、それが公教育にふさわしい文化メニューの内容であり、公教育はそれを超えてはならない。その限界を超えた価値的なものは、その子ども、ないしは、その子どもの父母・後見人の選択にゆだねるべきものである。

だから、フランス革命期の教育計画案でも、それまでの大部分の学校を支配してきたカトリック信仰の支配を排除することをめざして、諸価値から自由な中央集権的な公教育体制がとられた。その公教育の場では、旧体制《アンシャン・レジーム》にかわって新しい憲法や人権宣言が成立したけれども、それすらもけっして「神の書」として教えられてはならない、とコンドルセは述べている。

この原則は、欧米の民主主義国家にあっては、むろん曲折をともなったが、伝統として守られている。もし多くの国民が承認する価値的なもの、一般的・宗教的な情操や慣習的な価値にかかわる教育内容・教科を公教育が設ける場合には（たとえば、宗教の時間）、いわゆる「良心条項」、つまり、それを拒否するものがあっても、そのことを理由として、教師や生徒が不利なめにあうことはないという法律上の条項ないし慣習が当然のこととして成立している。宗教の時間は、子とその親、そして、教師も拒否できるようになっている（宗教の時間は一日のプログラムの最初ないしは最後におかれる慣行がある――イギリスの場合）。

公教育における教育内容のあるべき原則は、このようにぎりぎりのところで、ちがいを超えて、ないしはそれを前提にしたうえで、人びとを結びつける力量を身につけるために、科学的真理をとりあげているのである。

真理は本質的には「試案」である

アメリカ合衆国でも、州によっては法によって国旗への宣誓を学校に求めているところがある。しかし、この法による強制にしたがわない子どもにたいして、停学など不利なあつかいをした場合、連邦裁判所では、それを不当とする判例がすでに定着している。それは公教育の近代原則、民主主義社会の根本原則（思想・信条の自由の原則）に反するからである。

「日の丸・君が代」を国旗・国歌として、それぞれが法的な拘束性をもつと『学習指導要領』のなかに明記されたことは、少なくとも「良心条項」をともなわないかぎり、明らかに公教育の原則に反すると私は思う。

既述したように、文部省は「学校教育機関への義務」だという。だが、たとえ学校当局にそういう義務が課されたとしても、思想・信条の自由を保障した憲法の条項にもとづき、それを拒否した教師や生徒を罰することはできないはずである。義務づけは「学校機関」にたいしてであって、個々の生徒や教師への義務づけにはおよばないはずだ。

この点にこだわりつづけることが、わが国の学校行政の民主化を水際で守り、かつ再生・発展させるために欠くことのできない私たちの対応の原理であり、運動の原点ではないか、と私は思う。

以上のような公教育の教育内容についての原則からして、たとえ科学的真理そのものであっても、黒板に書かれた一つの方程式のように棒立ちしたものとして取りあつかってはならないはずだ。そんなことをすれば、それは真理の押しつけであって、子どもたちはそれをマル暗記するだけのこと、真理を獲得したとはいえない。

冒頭のシューマンのことばが語るように、そういう真理の学び方・教え方は子どもを一面的にし、かたくななものにすることで、その子どもの発達の可能性を奪いとってしまうということだ。つまり、たいへんな「罪つくり」となる。

教育課程における真理とは、交響楽団のコンダクターのまえにおかれた楽譜にも似ている。その楽譜をいちおうのよりどころとしながら、いろいろな個性をもった音色がそのもち味を発揮して美を創りだす。美も真理もたんにそこにあるもの、楽譜のなかにとじこめられてあるものではなく、創造ないし再創造されるものであり、その過程で、人びとを解放する。こうした創造的な獲得によって、学ぶものにはより高く広い境地がきり開かれる。だが、もとの楽譜がまちがっていたり、まして権力の恣意によってゆがめられたりしていたのでは、子どもの被害はいっそう深刻である。

だが、どんな「楽譜」だって人間の創るものであるかぎり、完全なものはあるはずがない。それはあくまで「とりあえず」のものなのだ。だから、これをいちおう真理とされてはいても、絶対のものとしてはならない。いつも問題をそのなかに秘めており、新しい課題を蔵していて、それを学ぶ人たちの新たな課題発掘を待ちのぞんでいるものだからこそ、真理だというべきなのだ。真理は、それにふれるものを触発して、つぎつぎに新しい問いを引きだし、一人ひとりの好奇心をますます刺激してくれるはずのものなのである。そういうことからも、子どもたちのまえに提出される真理は、本質的には理論的に反証もできる可能性を含んだ「試案」なのである。

真理はこれだと権力者がいうことはできない

それでは、公教育の教育課程内容としての真理はだれが、どのように「管理」すればよいのか。わが国の過去および現在がそうであるように、政府やその機関である文部省にゆだねてよいのか。

コンドルセは、すでに二〇〇年まえにはっきりと述べている。「きみたちが学ぶべき真理はこれだと権力者がいうことはできないのだ」と。もしそれをやれば、その政府は専制政府にほかならない。法律で人びとを規制するとともに、人びとの内面まで支配することになるからだ。フランス革命によって成立した政府は、その専制を打ちたおした。成立した新たな政府も、真理とは何かを、あるいは教育内容を、一方的に規制することは許されないのである。

かさねて述べると、憲法や人権宣言でさえ「神の書」として押しつけてはならないのだ。それは私たちの憲法・教育基本法についてもいえることで、これらを金科玉条としてあつかうことは、民主主義のもとでの教育の原則とはいえない。

では、教育内容としての真理はだれが管理することになるのだろうか。

真理の管理者としてもっとも危険な存在は、政府権力であって、けっして彼らに教育課程における真理を白紙委任するべきではないということになる。真理の比較的安全な管理者は、だれが考えても、まずその方面の真理探求にたずさわる研究者ではないかといちおう思う。

ただ、彼がその方面についての知識をたんにたくさんもっているからということではない。むしろだいじなことは、彼がどこどこまではわかっているが、ここから先はわかっていないという限界点を知っている謙虚な探求者だということから、管理者としての安全性があるというのである。

教師は好むと好まざるとにかかわりなく、真理を子どもたちに提示することを日常の仕事とするから、真理の管理にかかわらないわけにはいかない。だからこそ、教師にたいしてはもっとも注意ぶかい真理の管理者であることが求められる。教師が「罪つくり」となることを最小限度にとどめるには、真理にたいして謙虚でなくてはならないことはいうまでもない。つまり、専門研究者・探求者と正しく同質の真理にたいする謙虚さがのぞまれるし、そのためにかえって責任をともなう研究の自由が保障されなくてはならないはずだ。

真理の管理者としての教師に望まれることは、自分がいま真理と信ずるものに子どもたちの同化を求めることではない。自分のあらかじめ考えている答えにはマル、そうでない答えにはバツをつけるようでは、彼は教室のなかでの専制者である。そのために多くの子どもたちの新鮮な発想をも抑圧して、子どもの発達を抑圧し、収奪することになる。そういう「罪つくり」の危険性は、日々の教育活動を通じて四六時中、存在する。この危機意識のない教師には、さきに述べた「君が代・日の丸」の強制に反対する根拠は乏しいとさえいえよう。

たとえ彼のいま知っていることが真理であっても、すでに述べたように、一面的に子どもに押しつけるのではなく、教育課程として用意された教材や、そのほかの専門家や、ときに父母の経験などまでをも活用して、より深い真理に共同作業として迫るコーディネーターとしての管理者だという面を教師はもっている。

　公教育の場は、文化の諸分野の専門家・研究者・教師のほかにも、真理探求を助けるあらゆる人びとが真理の共同管理に参加できるように開かれていることが必要である。国もすぐれた研究者・専門家を集めて、公教育の教育課程の立派な参考試案をつくって教師を助けることは、国の教育サービスとして当然である。これがほんとうの『学習指導要領』（試案）なのである。いまの『学習指導要領』をそういう性格のものにかえるたゆまぬ努力が私たちに求められている。

　最後に私は、学ぶ子どもたちも、真理の共同管理への参加者だといいたい。彼らが一方的に大人たちの用意した「真理」への服従者であっては、彼ら自身、真理の獲得はむずかしい。子どもたちの新鮮な発想・好奇心にみちた問いが既存の真理とされるものに思いがけない新しい光をあてることもけっして少なくない。経験があり、探求的な教師はこうした場面に出会ったことが少なくないはずだ。アルタミーラの洞窟のビゾンの目のまなざしの最初の発見者――それまでに多くの専門家がそこを通ったのに――、それが五歳の少女だったというのはほんの一例だ。私が子どもたちを真理の共同管理者にかぞえるのはそんな意味からだ。真理はだれにも開かれているもの、だれのものでもあるが、だれかが独占すべきものではないのだ。

国家による教育内容の独占支配は公教育の原理に反する

以上、くり返し述べてきたように、「君が代・日の丸」の強制は、いうまでもなく、ほかの「文化メニュー」についても、人権としての教育にとって画一的に強制することは、教育の自殺行為なのだ。とりわけ公教育（public education）というのは、国家教育（state education）とはちがうのだという、しごく当たり前のことを、ここでふたたび、三度くり返さなくてはならないことをまったく残念に思う。

公教育とは、すでにフランス革命以来の精神によれば、「だれでもが権利＝〈当たり前〉のこととして、真理を集団でともに学びながら、自分のもち味と社会連帯の能力とを身につけていく人権の広場」というほどの意味である。「だれでもが権利として」というところに公（public）のほんとうの意味がある。公園や公衆浴場・トイレなどとまったく同質の公であって、人権としての教育に国家はサービスを供する義務はあっても、独占私有すべきものではない。

たしかに、公教育の歴史のなかでは、国家権力がみずからの統治要求を公教育に押しつけたことが少なからずある。権力とは本質的にそういう危険をいつもはらんだものである。これを監視し、抑制する能力を国民はもっていなければならないのだ。

法的拘束性ありとする『学習指導要領』を通じての「日の丸・君が代」の学校行事へのもちこみは、公教育への国益のあらわな干渉・侵入をもっとも鮮明に象徴している。わが国の文部省当局は、国家が人民の教師であるとする教化政策から、いまだにぬけでることができないのだ。国益に必要な選ばれた文化内容を知的認識と価値の両面にわたって押しつけるのを当然のことと思いこんでいる。

その典型が現行の教科書検定制度であることはいうまでもない。家永三郎教授の教科書訴訟は、まさしく、この点を問うており、これに対してわが国の司法は、最高裁を含めて、なお一度も満足な解答を出していない。

だが、こうしたひとりよがりの権力の姿勢も、世界の全体的な動向のなかでは、かならずしも安泰ではなくなっているように思う。一九八九年三月九日、国際的にも物議をかもしつつあるこのたびの新『学習指導要領』についての、西岡文部大臣の説明会が外国人記者のために開催された。この原稿を書き終わったいま、おそまきながら、その全文が私のまえにある。

記者たちの質問は、新『学習指導要領』によって社会科で教えることになった人物、とくに東郷平八郎と、「日の丸・君が代」に向けられた。西岡文部大臣は、東郷については例示にすぎず、どう教えるかは教科書の筆者にゆだねると逃げたが、「それでは東条はどうするのか」の問いでしどろもどろになる。

それに追いうちをかけるように、ヘラルド・トリビューンの記者が、日本語で、「こんどの指導要領では、日の丸・君が代《(ママ)》しなければならない」、そして、「それを批判するもの、処分の対象になる《(ママ)》」と文相は記者会見で発言しているが、その根拠と、生徒が拒否したとき、どういう扱いになるかを問いただしている。文相は、そういうことをいったのは「処分を前提として、べつに処分するためにそういう方針をだしたわけではない」、また、「そういうことが起こるとは考えていない」と答えている。そして、私立学校にはそれを強制しない、とはぐらかした答えをしたうえ、「しかも、子どもたちにたいして、これを処罰するという考えは毛頭考えておりません」と追いつめられたすえに答えている。この答えと、小学校長たちにたいする文部省の指示とのあいだのギャップに、私たちの対応の課題がひそんでいるように私は思う。

文部省が追いつめられたうえでの言い分を要約すると、学校にたいしては義務だが、個人の拒否は罰せられないというのだ。

この目下の現実のまきかえしにあたって期待されるのは、勇気ある教師、とりわけ子どもたちのすぐあとにいる父母たちの良心にもとづく強い要求である。

（１９８９年）

Ⅲ

時代のなかで

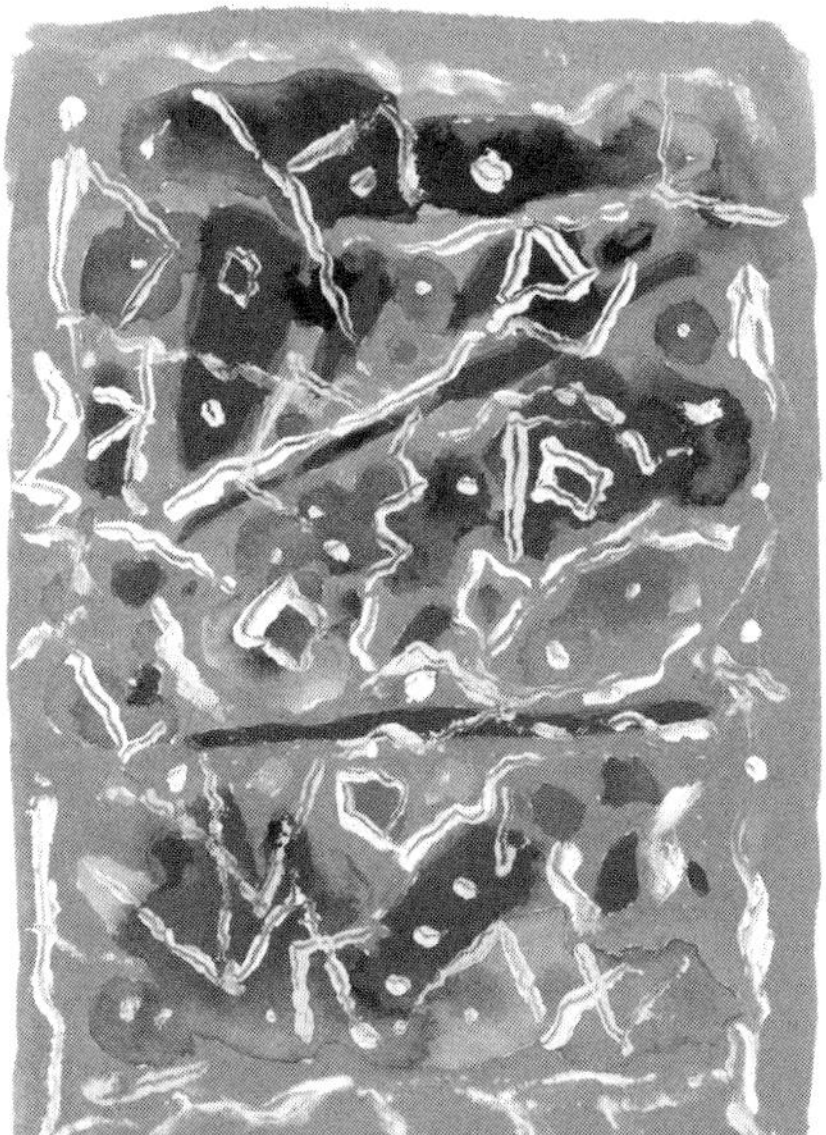

良心の自由を求めて──「日の丸」「君が代」を強制してはならない

＊本稿は、国歌斉唱義務不存在確認訴訟において、東京地方裁判所に提出した大田の「意見書」（２００５年）である。

基本的人権の核心にあるもの

シンボルとしての国旗国歌

象徴（シンボル）としての国旗・国歌は、その国に在籍する人びとの内面、良心からの支えがあることによって、はじめて象徴としての意味をもつことができるのです。そうでなければば、単なる旗であり、歌の一つにすぎない、といまの私は考えます。すなわち象徴は、単なる知的理解をも超えて、より深い内面からの共感の支えによって、はじめて真の象徴としての意味が成立するものです。強制はもちろん、説得にもよらず、心からの納得によるものであるはずのものです。従って、一人ひとりの良心による自由な選択が可能な雰囲気の中で、それが仰ぎ見られ、それぞれの肉声によって口ずさまれるものです。ですから、その場にあるすべての人びとに、指示・命令によって、画一的に強制されることには、全く馴染まないものだと考えます。従って、かりにそれらの象徴への違和感をもち、その場から回避したり、斉唱に加わらないとしても、そのことだけで不利な扱いを受けることはないという、いわゆる「良心条項」が容認される社会が現代民主主義社会であって、絶対王権や独裁者支配の社会と一線を画するものだと考えます。

私の体験した天皇絶対制のもとでの臣民教育の場での「日の丸」「君が代」は、国民《ピープル》にとっては自分たちの思いの象徴ではなく、絶対者であった天皇からの「賜わりもの」、むしろ絶対者・天皇自身の象徴だったのだと、いまにして私は思います。

イタリアやドイツでは、敗戦を契機として体制転換をとげ、指導者は一掃され、国旗・国歌も変えられました。私たちの国では、そういう変革意識は希薄でした。当時の政治指導者たちも、多くが旧政権派に属する人たちで、国会も「国体護持」「国体はいささかの変更なし」との首相らの答弁で、新しい民主憲法を受け容れたのです。つまり、主権が天皇から国民にかわったにもかかわらず、「体制に変化なし」がまかり通ったのです。「日の丸」「君が代」もそのまま受け継がれたのです。従って、「賜わりもの」である国旗・国歌も、新たな主権者である私たち一人ひとりの良心の象徴として、心新たに受け容れられたかどうかのけじめも、あいまいなものでした。絶対制主権者としての昭和天皇と、戦後象徴としての昭和天皇との画期も無視されて、「在位五〇年」「在位六〇年」として、政府をあげて式典がいとなまれていても、改めて指摘されてみないと、気付くことなく見過ごす私たち自身の感覚でした。従って、「良心条項」などが、いまもって行政権の執行者の意識には定着しきっていないように思われます。

私が調べた限り、ヨーロッパの先進民主主義諸国、イギリス、フランス、ドイツ、ベルギー、デンマークなどでは、公立の学校で、教育活動の一環として、国旗をかかげ、国歌を斉唱する機会は、一般にはほとんど見られないようです。

基本的人権の核心にあるもの

米国では、卒業式、入学式らしきものはないようですが、日々の教室では、国旗のもとで

「忠誠の誓いのことば」を生徒たちが述べることになっています。その「誓い」は、「自由（リバティ）と正義（ジャスティス）」のもとにあるアメリカ合衆共和国のシンボルとしての国旗の前での「誓い」となっていまして、「良心の自由」が正義と並んで「誓い」に明記されています。従って、国旗の前での誓いを拒否した子どもや教師の権利は、連邦最高裁判所で容認され、判例として確定していると言われています。

それに対して、東京都教育庁のいわゆる「10・23通達」（125頁の【資料】参照）は、明らかに特別教育活動の一環としての卒業式で、国家への起立斉唱を、さまざまの手段を用いて、教師に対して画一的に強制するものであって、「良心条項」への配慮もまったく無視され、「良心の自由」は明らかに侵犯されたと言わざるを得ません。このことを論証するために、私自身を含めて、日本国に籍をおく日本人の「良心の自由」への生活感覚から自己点検を行なうとともに、主権者である私たちが信託した行政が、人びとに対する（この場合、教師に対する）「良心の自由」への行政執行の在り方を、きびしく吟味することが必要であると考えました。

本件の場合、事柄が教育活動についての事件でありますから、立憲制・民主社会での教育活動にあって、「良心の自由」「個人の尊厳」、つまり基本的人権の核心にある精神が問われることになります。教育基本法（論文中の「教育基本法」は１９４７年に制定されたものである。なお、この教育基本法は2006年に全面的に改められた／編者注）も、前文で「個人の尊厳」、第一条で「個人の価値をたっとび」と、憲法の精神を実現するための教育の目標を繰り返し強調しており、憲法の基本的人権の精神を受け継いでいることは間違いありません。

法学において、基本的人権については多く述べられていると思いますが、私は教育における「良心の自由」をめぐって教育的人間学の立場から、見解を述べさせていただきます。辞書を引きますと、基本的人権は、「生れながらにして有する権利」とあり、憲法九七条では「人類の多年にわたる自由獲得の努力の成果」であり、「過去幾多の試練に堪へ、現在及び将来の国民に対し、侵すことのできない永久の権利として信託されたもの」とあります。

この基本的人権の核心にあるのは、他人の尊厳とのかかわりの中での自分の選択意思の行使であり、それが「良心の自由」の実現であると、私は考えます。自由（リバティ）と正義（ジャスティス）とをつないで、一つの文章であらわすと、こうなるのだと思います。

教育とはどのような営みか

教育への権利

ところで、問題の教育という営みですが、私たちの国で教育と訳出された education(英)／Erziehung（独）/éducation（仏）には、教えるという意味よりも、「引き出す」、おそらく持ち味を引き出すという意味を語源としており、近代市民革命後にヨーロッパで一般に用いられるようになります。私たちの国の「教育」は「孟子」など古代中国以来の漢字を用いて、明治初期に訳出されました。タテ社会の名残りが強く、教えて上から同化を求めて育てる、ときに教化と同義に用いられています。戦前、戦中の教育は、教育を画一同化と考える傾向が支配的で、戦中は天皇の民、皇国民の形成が教育の国家目標とされ、「教育勅語」によって、一人ひとりの生き方、人生のナビゲーションが画一的に示され、戦時下では市民社会における一人ひとりの生命の尊厳、良心の自由は圧殺される結果となりました。

しかし、民主社会にあっては、教育は一人ひとりの良心を育てる、その人なりの良心による自己啓発を助けるもの、「人間の内面的価値に関する文化的営み」（旭川学力テスト事件最高裁大法廷判決。以下、最高裁学テ判決と略称します）であり、すべての人びとの有する学習への権利を充足するものと考えられるようになっています。最高裁学テ判決は、現代教育研究の成果をふまえて、教育は「教育を施す者の支配的権能ではなく、何よりもまず、子どもの学習をする権利に対応し、その充足をはかりうる立場にある者の責務に属するもの」という画期的判断を示しています。これにより、私たちは、憲法第二六条の「教育を受ける権利」が「教育への権利」へと、法解釈を一歩前進させ得たものと評価しております。今日では、国際的文書では、教育を受ける権利（right to receive education）と言わず、教育への権利（right to education）が一般的です。それは学習の権利が権利として確認され、学習主体の教育への権利と表現されることになりました。従って憲法の言う義務教育は、子どもの学習権を充足することにあたる者の義務であって、親、教師、地方教育行政当局、国の責務であり、戦前のように国に対する子どもやその親の一方的な義務ではないことが明らかになりました。

学習権とは何か

そこで、教育活動の基軸は、学習の権利を充足することにあるのですが、この学習権とは何かを明らかにしなくてはなりません。

私は、学習権はすべての人にあたえられている権利であり、人間の生存権の不可欠の一部だと考えています。それはヒトにとっては、文化に学び、文化の影響なしには、生存そのものを全うし得ないということです。というのは、ヒトは身体の外に道具をもつ動物だということが、人類学者の見解の一つです。他の動物は、長い時代を経て、棲み分けられた環境に適応するため、身体のつくりを変えています（進化）。モグラは地下に棲み分けることで、時間をかけて顎骨をシャベルのように変形させていきました。大部分の動物の進化の仕方にそれが見られます。人間の進化には、むしろかつては存在したはずの器官、たとえば尾骶骨などは退化したとみられていますが、大脳の発達にともない、道具を体外にもつようになり、言語その他巨大な文化を築き上げます。ヒトはすでに胎児のときも、母体を介して文化に接触して育つのです。アジアには古来、胎教という考え方も一部にあります。

一九八五年三月に採択された「ユネスコ学習権宣言」によれば「学習権は、生き残るという問題が解決されたのちにはじめて必要になる権利ではない。学習権は、基礎的欲求が満たされたのちに行使される第二段階の権利ではない。学習権は、人間が生き残るために不可欠な手段である。」とあります。つまり、ヒトの生存権は、「文化的生存権」と言い直してもよいくらいです。教育は文化的生存権の保障とも言え、学習の権利に対応して、それを充足する文化的な営みであると言えます。

自ら変わる力

ところでヒトの学習とは、どういうものかということを、それを充足することにあたるものとして認識する必要があります。それにはまず、おおよそ生命個体は「自ら変わる」という共通の特徴をもつこと、機械はどんなに精巧なものでも「自ら変わる」ことはありません。最高度の科学技術をもってしても、生きた細胞一つもまだ作ることが出来ません。「自ら変わる力」を内在するのは、生命体のほかにありません。生命科学（ライフサイエンス）は、この「自ら変わる力」を「自己創出力」といいます。ヒトも他の生きものと同様、自己創出力によって、一つの受精卵から実に複雑な一人の人間の成体を、基本的には自らの内なる成長力によって創り出します。

ただヒトの変わり方には、精神界をもっていますので、自らの選択意思で自らを変えることが出来ます。平俗に言えば、「その気」になって行動を選んで自分を変える能力をもっており、ヒトの学習の基礎には、他の生命に通底する自己創出力のほかに、選んで学びとることで、自分を創る能力を獲得していくと言えるでしょう。

広く知られているネズミの迷路実験によって、ネズミにもある種の学習能力があることがわかっています。自己創出力の中にある種の意思が働いているのでしょう。しかし、ヒトに較べて単純で、いわゆる本能的行動様式に依存しており、パターン化した行動様式の方がより優勢です。それに較べるとヒトは、多岐選択型の動物と言えます。起床から就寝まで選び続けて、一日の行動の軌跡が描かれます。曲折浮沈に富んだ人生行路が描かれ、何人《なんびと》についてもまったく現状から未来への予測は不可能で、そういう意味での可能性が一人ひとりにかけがえなくあると言うべきでしょう。不可測の可能性、それが選びながら自らを創出するヒトの自己創出力です。

教師は創造を手伝う演出家《アーティスト》である

教育は一期一会のドラマ

教育は、人の自己創出力（成長力、治癒力等）、自ら学んで自分らしさを求めて生きぬくたくましい探求力、学習意欲を「引き出す」こと、そして人生という舞台でその人らしい出番をもつドラマの演出にかかわる仕事です。一回一回、一人ひとりとの、あるいは集団の中での出会いで創り出される一期一会のドラマの連続です。

教師は、人生の少年期、青年期の一人ひとりと向き合って、子ども、若ものに文化を伝えることで、ドラマをアーティストとして演出し、同時にドラマの脇役を演じます。教育は共育とも言われるほど、それぞれにちがった人格と人格、心と心のふれあいから成り立っています。

そんなことから、理想としての市民社会の学校は、「個人の尊厳」「良心の自由」を軸として、相互にちがいを受け容れ合う劇場にも似たものです。喜びや悲しみ、苦しみや不安をかかえながらも、すべての子どもが、それぞれにユニークな主役であり、教師は脇役をかねた演出家、アーティストとして育つのだと考えることができます。現実とは大きな隔たりがあるとはいえ、憲法・教育基本法がめざす学校像、教師像は、本来そういうものであるはずです。実際に、教育基本法「前文」では、「普遍的にしてしかも個性ゆたかな文化の創造をめざす教育を普及徹底しなければならない」と、熱い期待が述べられています。

田中耕太郎氏の教育権独立

ちなみに、教育基本法の立案制定に文部大臣として貢献した元最高裁判所長官田中耕太郎氏は、その著書『新憲法と文化』の中で、「教育者の使命たるや本来宗教家、学者、芸術家等のそれと性質を同じくして居り、従って官公吏たる教員と雖《いえど》も……上級下級の行政官庁の命令系統の中に編入せられるべきものではない。従って下は小学校より上は大学にいたるまでの学校の種類の間にはかような官庁的上下関係が存在しないことは勿論のこと、教員と教育所管の官庁との間にもかかる関係は存在しない。」「教育者は官庁組織を通じて国民に間接に責任を負うのではなく、民間人たる宗教家、学者、医者、弁護士のごとく個人的良心的に行動するものであり、従ってこれらのもののごとく、国民全体に対し直接に責任を負うのである（教育基本法第六条第二項）」（同書一〇四～一〇五頁。同氏の「司法権と教育権の独立」でも、同旨のことを敷衍《ふえん》して述べている）と述べています。こうした記述は、田中耕太郎氏が、政治や行政からの「教育権」の独立を主張する中で、教育者をアーティストないしそれに準ずる仕事にあたるものと考えられたのでありましょう。私の考えでは、人の自己形成は、すべての人にとっての人生最高の芸術創造そのものであり、これを助成する演出家としての教師像として教師の仕事を考えるべきで、これは既述した教育基本法が熱望し、希求する「普遍的にしてしかも個性ゆたかな文化の創造をめざす」教師像に直結するものと考えます。

劇場としての学校

他方、教育は、めいめいのもつユニークな自己創出力と、教師を介しての真、善、美などの蓄積された文化との出会いを通じて、生後私たちの環境からあたえられたさまざまの偏見を剥ぎ取ることでユニークさにみがきをかけ、自分らしさの発見を助ける仕事です。「真理はわれらを自由にする」（図書館法前文）という言葉がありますが、蓄積されてきた美的所産、善的行為の所産との出会いも、人間の偏見を剥ぎ取り剥ぎ取りすることで、普遍的でしかも自分らしさ（個性）を見出すことになるでしょう。

近代公教育は、科学の生み出す客観的、普遍的知識の成立によって、学校のような集団的教育形態を普及させることに、主として貢献してきました。しかし、美的価値や道徳的価値は、真理に較べて、集団的な学校教育では限界があり、むしろ学校ではごく基礎的、一般的なものにとどめざるを得ません。しかし、このような文化領域については画一をさけ、自由な自己表現をはげまし合う機会をゆたかに用意することが、学校教育全体にとってもきわめて重要です。とりわけ、開かれた市民社会の劇場としての学校は、自由なアート、のびのびとした自己表現の場としての雰囲気は不可欠です。

いずれにしても、公教育としての学校教育の教育内容について、ここで論ずる余裕をもちませんが、何が真であり、何が善であり、美であるかは、何人もこれをきめることは不可能です。すべての文化は、つねに未来の探求に委ねられており、閉じられ、完結されたものではなく、開かれてあるものです。

従って教育内容の基準は、だれが所管するとしても、あくまで「試案」であり、「参考案」であって、各分野の専門家と子ども、教師、親を含む関係者の智恵による共同制作の所産と言うべきものでしょう。そういうことが可能になるための さまざまの条件整備が行政には強く求められます。

基本的人権、個人の尊厳、良心の自由を守りぬく

「通達」が踏みにじるもの

最後に、「10・23通達」にかかわる学校行事ですが、既述のように立憲制のもとでの市民社会での学校行事において、なぜ執拗に、国旗・国歌の掲揚や斉唱が上からの命令で強制されるのか、理解に苦しむところです。私のような戦前、戦中の学校教育の体験者にとっては、絶対制天皇の「御真影」としわぶき一つ許さない「教育勅語」のおごそかな朗読を中心とした「祭事」としての学校の行事を彷彿とさせるものがあります。むしろ、ヨーロッパ諸国や米国のように、せいぜい希望者全員集合のパーティで思いをかわす中で、「別れの歌」か、めいめいの情感を込めて思わず口ずさまれる歌の方が、はるかに教育の場にふさわしいのではないでしょうか。

すでに述べましたように、象徴とされる国旗・国歌に対して、どういう行動を選択するかは、その人の選択意思、良心の有りように直結します。

去る四月二六日の福岡地裁判決は、東京都の「10・23通達」に酷似した北九州市教育委員会「指導」事件について、公務員たる教員も、その良心の自由は、憲法第一九条によって保障されると述べています。そのうえで、同判決は、「本件職務命令は、その内容から、一定の外部的行為を命じるものにすぎないことは明らかであり、それ自体が個人原告らの内心における精神活動を否定したり、個人原告らの思想・良心に反する精神活動を強制するものではない」として、憲法一九条に違反するものではないと、結論しています。

これは、教師が良心に反して行動を強制されても違憲ではないというのに等しい結論になっています。ある意味で、生徒たちの前で、良心に反する行動をとっても、上からの通達によるものであればよいのだということです。

良心のひびき合う営みを

良心と良心のひびき合いである教育という内面的価値にかかわる営みの中で、あえて良心に反する行為を、通達、ないし命令違反として罰則をもって強制することは、「良心条項」抜きで容認されるのでしょうか。立憲制の下での市民社会、「良心の自由」「個人の尊厳」を相互に尊重しあうことを約束とする社会では、到底容認できないものと、私には思われます。

【資料】「10・23通達」（２００3年10月23日付東京都教育委員会通達）

記

1　学習指導要領に基づき、入学式、卒業式等を適切に実施すること。

2　入学式、卒業式等の実施に当たっては、別紙「入学式、卒業式等における国旗掲揚及び国歌斉唱に関する実施指針」のとおり行うものとすること。

3　国旗掲揚及び国歌斉唱の実施に当たり、教職員が本通達に基づく校長の職務命令に従わない場合は、職務上の責任を問われることを、教職員に周知すること。

（別紙）入学式、卒業式等における国旗掲揚及び国歌斉唱に関する実施指針

1　国旗の掲揚について

入学式、卒業式における国旗の取扱いは、次のとおりとする。

(1)　国旗は式典会場の舞台壇上正面に掲揚する。

(2)　国旗とともに都旗を併せて掲揚する。この場合、国旗にあっては舞台壇上正面に向かって左、都旗にあっては右に掲揚する。

(3)　野外における国旗の掲揚については、掲揚塔、校門、玄関等、国旗の掲揚状況が児童・生徒、保護者、その他来校者が十分認知できる場所に掲揚する。

⑷　国旗を掲揚する時間は、式典当日の児童・生徒の始業時刻から終業時刻とする。

2　国歌の斉唱

入学式、卒業式等における国家の取扱いは、次のとおりとする。

⑴　式次第には、「国歌斉唱」と記載する。

⑵　国歌斉唱に当たっては、式典の司会者が、「国歌斉唱」と発声し、起立を促す。

⑶　式典会場において、教職員は、会場の指定された席で国旗に向かって起立し、国歌を斉唱する。

⑷　国歌斉唱は、ピアノ伴奏等により行う。

3　会場設営等について

入学式、卒業式等における会場設営等は、次のとおりとする。

⑴　卒業式を体育館で実施する場合には、舞台壇上に演台を置き、卒業証書を授与する。

⑵　卒業式をその他の会場で行う場合には、会場の正面に演台を置き、卒業証書を授与する。

⑶　入学式、卒業式等における式典会場は、児童・生徒が正面を向いて着席するように設営する。

⑷　入学式、卒業式等における教職員の服装は、厳粛かつ清新な雰囲気の中で行われる式典にふさわしいものとする。

地球規模の子どもたちの憲法
――子どもの権利条約の発効にあたって

＊「子どもの権利条約」は1989年に国連総会で採択された。
本稿は、日本が条約を批准した1994年に『子どものしあわせ』（10月臨時増刊号、日本子どもを守る会編）に発表されたもの。

一九九四年五月二二日、国連「子どもの権利条約」は、私たちの国でも発効することになりました。専門家によりますと、条約は憲法などその国の根本法に次ぐ拘束力をもつ上位の法規として扱われると言われています。この条約の成立によって、子どもたちは、物理的科学的にも、社会的文化的にも、より美しい地球、戦争と汚染から自由な地球を手にする「世代の権利」を主張し、獲得することが出来るのです。まさに地球規模の子どもたちの憲法、世界中の大人に課した責務は大きいものです。

もっとも、憲法、法律、制度は、それらがなくても社会がうまくいくのであれば、ないにこしたことはありません。というのは、その運用の如何《いかん》によっては、悪用されることすら決して珍しいことではないからです。法規上保障されている権利だから、ないしそれに違反しないからといって、杓子定規《しゃくしじょうぎ》にそれを行使することで、かえって他人に害を及ぼすことも沢山あります。とくに世の権力者は、しばしば自分たちの権益維持のために利用し、その規約の本来の精神をゆがめたりするのです。私たちの憲法もすぐれた平和の理念を含んでいるはずですが、例えば「戦力なき軍隊」などというさまざまの口実で、有名無実化されたことは周知の事実です。このように考えると、この度の「子どもの権利条約」も、単に文字づらの上で、ただ批准が終わったことで安心するわけにはいきません。

まず第一に、このような条約の成立した歴史的社会的状況と、条約の成立したことの意味について、十分な認識をお互いにたしかめ合っておくことが必要です。つまり、何故、どんないきさつで、どんな意図によって成立したかを、地球的な規模で認識を分かち合うことが必要でしょう。その上で、「権利」とはそもそもどういうことなのか、「子どもの最善の利益」とは一体どういうことをさすのか、そういう基本的な概念について、世界的視野を含みながら、具体的な足元の問題と取りくみを進める中で、問いつづけていくことが必要でしょう。こうした学習を、次々に生ずる新しい問題の出現にそうて、深めていくことが大切であろうと思われます。

私たちは市民として条約を「錦の御旗」として利用することを避けるべきです。あくまで、その子その子と、その子がおかれている局面のリアリティに即して、何が正当なのかを私たち自身の頭で判断することであり、条約の条項は、そのばあいの重要な参考資料として考え、かつその立法の精神を生かすことに努力することでしょう。そうあることによってはじめて、「子どもの権利条約」が、単に法令集や六法全書に何頁かを付け加えるということに終わらず、世界中の大人と子どもたちとの付き合い方の鑑《かがみ》ともなり、地球上の生命の共存共生の関係を深め、かつ広めるための貴重な糧《かて》となりつづけることになるでしょう。

教育基本法に思う

＊本稿は、教育科学研究会編『教育』2006年7月号の緊急特集「教育基本法の『改正』に反対する」に掲載されたものである。

病気は、患者のもつ治癒力が働いて、健康をとりもどす。医者や薬はそれを助けるもの。同様に人の内面にある成長力の保障、つまり学習権がまずあって、その人、その子に応じて、周囲から教えたり、励ましたり、叱ったり、ほめたりの演出に助けられて育つ。教えることや強制が成長の核にあるのではない。内面からその気になって選びながら、やわらかく、芯（自我）のある、その人ならではの人柄の創出を援助する。しかもその人柄にふさわしい社会的出番を果たせる力を引き出すアートとしての演出力が、教育なのである。

演出には舞台装置の外に、さまざまの条件整備が欠かせない。行政は、直接に学習者と日常的にかかわることはできないから、あくまで間接的な条件整備にあたるのは、当然だ。直接の演出家《アーティスト》ではない。

教育基本法（1947年制定）は、教育憲法だとも言われる。しかし、憲法の精神に立って、教育施策である条件整備の原則が内容をなしており、教育条件整備法を本体とすると私は考える。現行教育基本法は、教育勅語とのけじめの必要による前文と、第一条、第二条の教育の目的、方針を除くと、以下はすべて条件整備原則を並べたものだ。

そうであれば、「心は法の立ち入り禁止区域」という近代法本来の在り方からすると、思いきって、現行教育基本法の前文、第一条、第二条を削除。そのかわりに、短い前文、「教育は日本国憲法の精神による」とし、諸々の価値観は、そこに吸収される。ただし前文中「普遍的にして、しかも個性豊かな文化の創造をめざす教育を普及徹底」は、この国の教育のかたちを示すものとして残す。

この短い前文を受けて、現行第十条を第一条とする。すなわち、「教育は、不当な支配に服することなく、国民全体に対して直接責任を負って……」「教育行政は、この自覚のもとに……諸条件の整備を目標として……」を明示する。第二条以下は、それこそ、成立六十年後の今日の現実に照らして、親や教育現場にある人たちの指摘する事実や問題を精細に調査して、必要な教育条件の原則を慎重に示すこととする。とくに子どもの「遊び」や、若ものの「労働」体験の場の条件整備などは、それらへの対応原則が確立される必要があろう。ここでは、愛国心その他の価値をめぐる要求論議は不要となる。教育基本法は、学習権の保障を枢軸とする教育条件整備基本法として、すっきりした近代法律へと進化することになろう。

被害受けるのは子ども——特定秘密保護法案への反対表明

＊特定秘密保護法は2013年12月6日に成立、2014年12月10日に施行された。本稿は、「朝日新聞」2013年12月6日付朝刊に「異議あり特定秘密保護法案」と題して掲載された談話である。

私は95歳。戦前の治安維持法の時代を生きてきました。社会が戦争に徐々に引きずり込まれていき、情報がなくなり、ものを考えることを無意識に停止させられていった。いま、そんな時代に近づいているのではと恐れます。

法案の根本問題は、知る権利が奪われることです。その事態がとっくに現実になっているのが学校です。

1950年代、教科書検定が厳しくなり、歴史学者の家永三郎さんが教科書に広島や本土空襲の写真を載せようとして「暗いからダメ」「無謀な戦争という評価は一方的」と不合格にされ、裁判を起こした。私も原告側の証言者として30年余り戦いましたが、検定はなくせませんでした。

文部科学相は検定で、「教育基本法の目標などに照らし、重大な欠陥がある」と判断されれば、教科書を不合格にすると言いだしている。そこにこの法律ができると情報が一層統制され、教師は萎縮。被害を受けるのは子どもです。

与党は「知る権利は守られる」と言うが、口約束はあてになりません。国旗・国歌法で政府は「強制しない」と答弁したが、教師が立って歌わなければ処分されています。

知る権利は人間が自分の頭で考える権利です。食事や呼吸と同様に生きるために欠かせません。その権利を危うくする法案を、与党は強行採決してまで通そうとしています。私たちの社会の民主主義の質が試されています。

Ⅳ

生存・学習・教育の思想

子どもの生命《いのち》と戦後教育学

インタビュー●大田　堯さんに聴く

聴き手・田中孝彦

生活綴方教育との出会いとその意味

田中　半年ほど前ぐらいだったでしょうか、大田先生から、電話で、「田中さん、生活綴方教育を『世界遺産』にというのはどうでしょう?」と問いかけられたことがありました。

私は、「『世界遺産』に」などという先生の表現に驚いて、「日本の教師たちが自主的に探り当てた生活綴方教育の意味を象徴的に言われようとしているのだと思いますが、私は生活綴方教育を今に再生させたいと考えていますので、『遺産』にしてしまうのはどうかなという気がしますが…」などと、もたもたお応えしたことを覚えています。

いただいたあの電話をきっかけに、私は、先生の今も続く「教育とは何か」の問いにとっての生活綴方教育と生活綴方教師たちとの出会いの意味の大きさ、そして戦後日本の教育学にとっての意味の大きさを改めて考えました。まず、先生にとっての生活綴方教育との出会いとその意味について、お話いただければと思います。

敗戦直後の教育と教育学の状況

大田　戦前の日本の教育学の主流は思弁的な哲学を教育論に解き直して語られ、欧米哲学の流派が変わるごとに、それをうけたものが論文の形で出されるという傾向が強かったと思います。そういうものに対して、第二次世界大戦の敗戦という大きな歴史的な出来事が起こり、教育というものが、民主主義と結びついてどうあったらよいのかということを白紙から考えなくてはならない状況がありました。

戦前・戦中は現場の先生も国の求める教師用書に従って、日々授業をすすめるという状態だったのですが、敗戦直後は、文部省は壊滅状態の中で、上からの指示で教科書の一部を墨で消すということもありましたが、現場は百花繚乱《りょうらん》、他方で何でもやってみるという自由な時代であったのです。

ゆとり・自由は教育には決定的な条件で、それを否定する政策は教育から「詩」を奪います。占領下にかかわらず、教育実践に関しては、今から考えると、新憲法、1947年教育基本法のもとで、希望に燃えた「あけぼのの時代」だったと思えるほどでした。

「地域教育計画」と「社会基底研究会」の試み

そういうなかで、僕は地域教育計画からはじめるわけです。それまで学校を中心にした教育計画を、民主主義社会をめざすなかで、どのように考えていったらよいか、主人公である地域の人々から話を聞き、その意見を取り入れながら教育計画を立てる。特に社会という言葉自体がほとんどタブーとされた時代から、戦後になって社会科が登場しましたので、社会科への取り組みは、教師にとっては全く新しい仕事でした。みんなの意識がかなりそこに集中しましたし、そこから社会と教育の関係についての関心も登場したと思います。

依然として思弁的な研究者もいらしたかと思いますが、僕の場合は、戦争から還ってきて、中央集権はもう怖い、中央集権を否定して何とか地域の中で住民によって学校を白紙から創りなおそうと…。これが広島県の本郷町地域教育計画の目標だったわけです。

ところがそんな小さな町で計画を立てるといっても、現実には日本社会、さらには世界という社会軸が存在しているわけですから、社会というものに対する科学的な認識が必要とされたわけです。教育学がかつてほとんど経験したことのなかった社会科学との接触、これがはじめのとっつきでした。生活綴方について話をする前の段階に、社会科学と教育をつなげる仕事がまずありました。

当時、封建社会を打破するというスローガンがはっきりとあり、民主化への考え方がありましたので、社会がもっている封建制の問題を発掘し指摘するということを、研究者たちは非常な興味をもってやったわけです。家族の中で風呂はどういう順番で入るか、晩飯のときにどこに誰が座るかなど、封建社会のもっているヒエラルキーが実にぞくぞくと出てきておもしろいほど分析できました。

そういう分野の研究者の一人が民法・法社会学の川島武宜（１９０９〜９２）さんでした。それらを読むと、社会科への取り組みが見えてくるような気がしました。ですから僕は川島さんだけでなく、いろいろな方をお呼びして、「社会基底研究会」というものをやったわけです。

私の最初の社会調査の記憶があるのは「段々畑の人間形成」（『カリキュラム』誠文堂新光社、１９５０年11月号、12月号、１９５１年2月号）です。小さな島で人間の身体が変形するような厳しい労働の中から封建性を探り出して、古い意識や家族意識があるということをそのなかに書きました。1950年の朝鮮戦争の直後ですね。すでにレッドパージが49年から行われ、50年の朝鮮戦争で施策の反動化が始まるという状態でしたが、その50年に「段々畑の人間形成」を書いています。ですから、社会科学的な眼で世の中をながめ、教育を考えるということを自分でやっていました。

生活綴方教育との出会い

ところが、そのさなか、1951年に『山びこ学校』に出会うわけです。『山びこ学校』が登場したときは、子どもたち自身の社会・生活認識が自分の言葉で語られ、しかも一人ひとりがみんな違ったスタイルで違ったことを書いているという、その魅力に驚かされました。そして僕は「無着成恭に学ぶ」（『教師の友』1951年6月号）という文章を51年に書くわけです。

先日、恵那（岐阜県）の新田鉦三（1920〜）さんに電話をして確かめたのですが、当時、岐阜県中津川から、現地からの派遣教師として、渡辺春正（1921〜2009）さんという方が私の研究室にみえていたことを確認しました。厳密には生活綴方との出会いが、『山びこ学校』とどのように前後するのかわかりませんが、少なくとも僕の研究室に、生活綴方の空気が持ち込まれていたことは間違いなく、僕は渡辺春正さんを通して、さらに詳しく生活綴方を見ていたはずです。

　ですから、生活綴方との出会いがいつ頃かとなると、それは1951年だといえるでしょう。『山びこ学校』が先なのか恵那が先なのか、それはわかりませんが、とにかく生活綴方に魅せられたわけです。そこへ行かないと人間の声が聞けない、子どもの声が聞けない、そういう衝撃を受けたということです。

　それで、51年5月に、経済学の大内力（1918～2009）さん、社会学の塚本哲人（1925～2008）さんらにも参加していただき中津川市調査をやりました。一軒一軒訪ねて話を聞くという、聞く勉強のはじまりがそこで行われました。しかし、その調査結果というものは、生活綴方教師からみると上からの鳥瞰図にすぎませんでした。教育研究をしながら、人間の内面が出てこない、と僕も反省するわけです。

　そこから教育実践の現場と接触するということに展開していきます。それまでの教育学はあまり教育実践につながっていませんでした。しかし、今度は実践を聞くという立場に転換することになりました。生活綴方教師が再建された教育科学研究会（教科研）にも参加・登場してきます。それに戦前の生活綴方教師も加わってこられましたので、そこでバトンタッチが行われました。文学・教育両面にわたる国分一太郎（1911～85）のほか、今井誉次郎（19

０６～７７）、吉田六太郎（１９０６～２０１３）、寒川道夫（１９１０～７７）、佐々木賢太郎（１９２３～９４）、それから師井恒男など、戦前の生活綴方教師の戦後の民間教育運動への影響力は、実に大きいものだといえます。

なぜ「生活綴方を世界遺産に」というか

生活綴方が遺産だというのは、天皇制絶対主義と切り離せないからです。そういうものがあるから生活綴方のもっているもの、小砂丘忠義（１８９７～１９３７）たちの仕事の意味が非常に重いわけです。静かな、しかも教師、子どもの内面からのレジスタンスで、そのレジスタンスのあり方がすごく意味深い。天皇制絶対主義の中で人間をとりもどすにはどうしたらよいかという課題に取り組んだと僕は思います。

ヨーロッパでは徐々に社会が民主化していきますが、日本では近代の顔、いわゆる立憲性の体裁・形式をとりながら、内面は絶対主義でしょう。生活綴方が生まれた場所は、そういう特殊な社会状況の中です。そういう屈折した社会状況の中で、子どもたちが自己表現をする。その自己表現に耳を傾け、教師と仲間と本音でひびき合っていく。これは大変大きなことです。天皇制絶対主義では学校の教科書は全部上から決められておりました。唯一教科書がなかったのが綴方の時間でした。そこに、文学を読んだりしている、どちらかというと芸術肌の教師が目をつけて、そこを根城にして各地の綴方教師集団が子どもの作文を交換しながら、点から線へと結ばれていったと思います。

生活綴方は識字運動のようにも見えますが、しかし、違います。発展途上国の中にも人間回復の思想をもって、識字運動をすすめた指導者もありました。生活綴方の精神は自己表現と自己表現による仲間づくりの教師たちのグループですから、子どもたちと共に新しい人間関係とめいめいの自我創造とを結びつけていくのでした。ですから僕は生活綴方を「遺産」だと思っているんです。今は社会の基盤が大きく変わってしまいましたので、生活綴方という言葉が通じないのも無理からぬことで、ある意味で当然だと思うわけです。だからこそ本当の意味での遺産なのです。

僕は生活綴方を、いわゆる歴史的な形をもって存在する富士山のような世界遺産といっているわけではありませんで、つまり、人間が人間らしくなる、目には見えない教育というい となみの遺産という意味です。生活綴方は教育全体の体質を変えるような要素を充分に含んでいたと思います。それを現代という新しい社会状況のなかで、形ではなく心で、あらゆる教育活動、学校でいえば、体育や数学を含むあらゆる教科、生活指導の深部に生かせつづけたいというほどの願望なのです。その基本原理を一人ひとりの生命個体の根源的自発性といってよいのです。

生命と学習の「根源的自発性」

田中 大田先生の『自撰集成』(全4巻、藤原書店)の刊行が、ちょうど始まりました。その第一巻の『生きることは学ぶこと――教育はアート』の巻頭の「総序――未来に託して」、これは分量的には11頁の短いものですが、先生がこれまでの「教育とは何か」の問いの到達を、言葉を選びぬいて記された文章として、印象深く読ませていただきました。

そのなかには、これまでも使われたことがあったと思いますが、改めて意味を豊富にされ、明確にされて使用されている、教育を考える上での「母観念」――私なりの言い方ですが――とでも呼ぶべきいくつかの言葉があります。その一つが、今おっしゃった生命と学習の「根源的自発性」という言葉でした。

「同化」思想と子どもの自発性

大田 自発性ということについては教育界でも大正期からいわれています。子どもの興味や関心を大事にするということは戦後もさかんにいわれ、今も子どもが育つことを中心にしなくてはいけない、学びが中心だ、教育は子どもの要求を受け入れなくてはいけないとか、いろいろなことがいわれているわけです。

しかし、実際は本当に子どもを受け入れるというよりも、彼らの興味や関心を活用して同化を求めている。結果的には同化主義の限度にとどまるものの方が多いと僕は思っています。今の安倍政権にもそういう同化思想があり、それによって次々に上からの教育施策を打ち出し、それを新しい教育改革だと思わせるような状況があります。ですから子ども中心とか子どもの興味や関心というものを、もっと深いところからとらえなおさなくてはならない、というのが私の考えです。大切なのは、それを深めていくためには、悪戦苦闘しながらいろいろな試みをやってみることです。

僕は、１９６５年に、「問と答の間」（『教育』１９６５年10月号）という論文を書きましたが、それは、主体と客体の問題、異化と同化の問題ですよね。あの文章の中では異化と同化の問題を引用しています。ＤＮＡそのものの発見は19世紀に行われましたが、１９５３年にＤＮＡのらせん構造が発見されたわけなので、「問と答の間」を書くまで、あまり時間がたっていないわけです。僕にとっては、生命科学が視野に入ってこない時期のことでした。ですから、あの文章では、主体と客体のかかわりの間、主体と自然や社会との関係とかかわらせて、議論を深めることができていません。

その頃は、テスト教育の問題がまず頭にあって、答の正否という結果だけの評価はダメという意識で、問と答の間を問題にして出発したはずです。そのため、「全国一斉学力テスト」（1961〜64年）による上からの同化の問題、さらに「期待される人間像」（1966年、中央教育審議会答申）のような内面精神に同化を求める政権の教育施策の批判に言及することで終わっています。

生命と代謝と学習

「根源的自発性」については、総序でも引用しましたが、戦前にも主体と客体の問題の探求が存在していまして、あの哲学の三木清（1897〜1945）が人間は主体と客体の弁証法的統一であると表現しています。考えてみれば、カントもヘーゲルもそうだと思いますが、近代哲学には主体と客体をどのように考えるかという基本問題があると思います。そこのところをもっと深めたら、上からの「同化教育」の根本的な批判へと、議論をすすめられたと、今からいうと考えられます。

僕は現在では、三木らの弁証法的統一という哲学的表現を「折り合いをつける」といっていますが、主体と客体をどのように「折り合いをつける」か、これを「代謝」という言葉にいいかえたわけですよ。人間だけでなく、あらゆる生物が外と内との折り合いをつけながら生きている。ヒトだけでなく生命体自身が主体と客体との「弁証法的統一」をやっている、実は情報代謝をやっている。

こうもっていくと、代謝は生命そのものの働きであるわけですから、生命の38億年の歴史をつうじて、少なくとも脳細胞と神経細胞ができた段階から、主体と客体との折り合いをつけながらあらゆる生き物は進化しているといえるのではないでしょうか。そこで私はこの大きな進化の推移を学習、ないし「情報の代謝過程」＝学習と考えられないだろうか、と仮説をたててみたわけです。

ついでですが、三木と同時代の哲学者の戸坂潤（１９００〜４５）が、社会全体が「思想を機械的に考える」、いわば無思想、ニヒリズムの傾向に対して、「いろんな言葉で思想ということをいってきたものの、今やそれらは忘れ去られてしまっている」といったうえで、要するにそれはどういうことかというと、「思想のメカニズムによる、いわば新陳代謝における首尾一貫した思想が自分で何を食ったら成長できるかを見て食物を選択すること――のことだったのだ。この首尾一貫性こそ思想の生命である」（戸坂潤全集4巻　1935年1月、83頁）と述べています。

私流にいえば「自分の頭で考える」ともいえます。天皇制絶対制、それもほとんど臨戦態勢に入り、治安維持法の適用強化の時期です。そのときに、戸坂が思想の「新陳代謝」に言及していることも、私たちの記憶にとどめてよいと思います。

実は三木、戸坂よりも、もう少し先だった1916年に、デューイ（1859～1952）は、『民主主義と教育』のなかで、生命は自己更新過程（self-renewal process）の過程だとする意味深い表現をしています。デューイは、教育は生まれたときから始まり、主体と環境との相互作用によって経験が成立するとし、教育は子どもの生活経験にもとづいて行われるべきだと考えていました。1953年のDNAの構造の発見を待たずに、こうした直観的な生命認識を持っていたのはさすがだと思っています。

今、デューイにつなげて表現しますと、38億年の生命の歴史をもっているのが生き物の学習経験であり、主体と客体の「折り合いをつける」中で自ら変わっていく。他の生き物もみんなそのように成長をしていると思うわけです。ですから、そういう生命の重い歴史を背負って、「自分で変わる」というのが、僕の考える「根源的自発性」ということなのです。主体と客体を「内向きの力」と「外向きの力」と僕はいっていますが、それらに折り合いをつけながら常に変わっていっているのです。

ところが変わるといっても、実はＤＮＡの総体はほとんど変わっていませんので、10年前に罪を犯した人間がＤＮＡによって鑑定されるように、変わって変わらない。常に動いて変わりながら変わらない、生命は動的平衡体だと位置づけることができるようになりました。

この変わって、かつ変わらないというＤＮＡの構造の発見によって、個体生命は、情報代謝による個体の循環系としてとらえられるようになります。だから生命の変わりゆく道筋は、機械のようなメカニズムとしてとらえることのできないものとして考えられることになり、とりあえず「根源的自発性」という表現ででも、生命不可思議の相を表現したともいえるでしょう。

そこから「根源的自発性」を考えていくことが、教育を考える大前提にあるということをしっかりとみんなが認め合う。現代では基本的人権としての学習権の問題ですよね、これは。みんなが認め合って援助する、それがひとつのアートとしての教育なのだという位置づけを『自撰集成』の「総序」でしてみました。

コンパクトには書きましたが、これをわかっていただくのには時間がかかると思っています。この「根源的自発性」という表現を読み取って、労働者協同組合（ワーカーズコープ）の代表である永戸祐三さんは「しびれました」と同調してくださっていました。

田中 そうですか。私も、つよいインパクトを感じた一人です。この「根源的自発性」という言葉を、先生はこれまでも使ってこられましたか。

学習権を生命の「根源的自発性」と結びつけて考える

大田 あまり使いませんでした。というのは、根源的という認識をどのように説明したらよいかわかりませんでしたので。

植物も自ら変わっていますよね。変わるというのは非常に大事なことですが、変わるということを説明するためにはどのように考えたらよいか。植物であっても自分というものがあり、空気など環境の異化などと折り合いをつけながら枝を伸ばして変わっていくわけですから、驚くべきものだと思うんですよね、この自ら変わるということは。そこに目をつけると学習の問題がみえてくるかなあと。そうすると教育の位置がだんだんわかってくる。それをいろいろな形で述べていけば、学習が説明できるのかと。

1976年の旭川学力テスト事件の最高裁の判決では、「子どもの学習権」が認められましたし、世界的な規模でも学習権はきちんと認められているわけです。85年のユネスコの「学習権宣言」でもちゃんと位置づけられていて、生存権として扱われています。しかし、ただ学習権は大事だ、最高裁も認めている、あるいはユネスコが生存権として認めているからというだけで、何で生存権なのかということが掘り下げられないままきているのではないかと思っています。教育を「学び」といいかえてみても、それで学習権を基本的人権であるとするには充分ではないと考えたのです。

その頃生命科学に関心が向いて、ＤＮＡの研究をフォローしていくうちに、だんだん生命科学の分野に入っていきました。『免疫の意味論』の多田富雄さんや、中村桂子さんの「自己創出力」についての文章からもたくさんのものを盗みました。生命科学は生命の「自己創出力」という自発性の問題を重視してどんどん研究が進んでくるわけです。そのような生命科学の成果について学んでいくうちに、38億年の歴史につなげてみるということになったのです。

ただ、分子生物学からの分野からだけで、教育や学習という複雑な人間行動、それに他の生物についても、生命の行動、生態はみえてこない。それで、ヘッブ（Donald Olding Hebb）（１９０４〜８５）の行動学や、生き物のありようそのもの、シートン（Ernest Thompson Seaton）（１８６０〜１９４６）などの動物行動そのものへの密着観察による研究から影響を受けたという、コンラート・ローレンツ（Konrad Lorenz）（１９０３～８９）の生態学などからの暗示を受けました。それは、動物の行動が学習によって変わるという生態の事実観察の成果からの暗示でした。ローレンツには、『生命は学習である』（"Leben ist Lernen"）（１９８１年）という対談語録があります。

生命は学習を通じて成長し、発達し、変化する。つまり学習を、生命の「根源的自発性」と結びつけて考えるということです。

生存・発達・学習を支える「社会的文化的胎盤」

田中 次に「総序」で印象的だったのは、生命の「根源的自発性」を支え、子どもの生存・学習・発達を支えるものを、「社会的文化的胎盤」という言葉で表現されていることでした。

大田 日本社会があまりにも学校中心で、極端な言い方をすれば学習といえば学校教育の学習だと思っているぐらいに、学習は矮小化されてしまい、教育は学校教育と同じような観念でとらえられているではないですか。それを何とか打ち破らなければならないと考えています。親が関心をもつのは自分の子どもの学校の成績ですよね。それで人間の価値がはかられるということが、今でもいきわたっていますし、そうした状態は現在の「学力テスト体制」でますます進んでいますよね。

学校教育という教育制度はいったい何なんだ、実際は点数・順番で評価することによる人材分配機構ではないか。社会が必要とする要求にもとづいて、便宜上数値を使った成績の出来具合で人材を分配していくというようなことが行われ、それに一喜一憂する。しかも今ではOECD（経済協力開発機構）によるPISA（国際的な生徒の学習到達度調査）のような世界的な規模での学力テストが行われて、フィンランドが一番になったとか、日本は何番だとか。これもOECDの経済的な感覚が背景にあると思いますが、世界的な規模で人間の数値化が進行しているという状態です。ですから学校中心の数値による学力判定は、モノ・カネ中心の社会を改善しない限り、ないしはそれに楔《くさび》を入れない限り克服できないと思います。

人間は生まれるとすぐに、母親の身体にさわったりなめたりする学習が始まり、広い社会的文化的胎盤の中に出ます。そして、谷川俊太郎さんの詩「かすかな光へ」にあるように、学習は死ぬまで続きます。それぞれがユニークな設計図であるDNAの小分子配列を持ち、それを展開させながら変わる。遊びのなかで変わる。一冊の本との出合いによって変わる。一人の人物との出会いによっても変わる。すべて学習なのです。

けれど、結果として本人のＤＮＡ構成は、ほとんど変わらない。その人流儀に自分を成長させて、社会の中で意味ある仕事に自分を位置づける。簡単にいえば自分の好きなことで仕事をして、それが社会的な意味をもつ。みんながそのようになれば、このうえない幸せではないのかと思うわけです。

一人ひとりの人間のユニークな設計図を発展させて、その発展させた個性に出番を保障する社会、そういうような社会を創り出すことはできないだろうか。そういう大抵の人々も願っている生き方を端的にあらわしているのが、「こころよく我に働く仕事あれ　それをし遂げて死なむと思ふ」という石川啄木の歌でしょう。大抵の人々は、この歌の願いがみんなに保障される社会をめざしていると思います。

モノ・カネは否定できません。これは人間が創り出したものですからね。ですが、なんとかそこに楔を入れ、つまり、モノ・カネをそういう生命第一をめざす社会の創造にさしむけるようにする。私の求める社会的文化的胎盤は、そうありたいという願いなのです。宮沢賢治のような夢もありますが、夢でもいいんです。しかし、その夢をめざしての努力が、これからの人類の課題ではないかと思っています。

田中　この「社会的文化的胎盤」という言葉は、今までも使ってこられましたか。

大田　あまり使わなかったですね。ただ学校中心をどのように壊したらよいかということを考えているうちに……。

学校の主流、とくに公立学校は、明治以来、ほとんど権力機構の一部（戸坂潤）として、皇民、人民教化の機構になってきた重い歴史がありました。新憲法のもとにあっても、1947年に制定された旧教育基本法が「現実」にそわないということで、改定されてしまいました。隙あらば国家の介入を進めたいという意向が、戦後の歴代保守政権の施策には執念としてあったことは事実です。

2006年の教育基本法の改定で、上意下達、国家の教育内容に至るまで介入の仕組みを導入することに、この政権は成功しました。これは、戦後教育行政が、旧態に引き戻される大きなきっかけになっています。一般の人々は、学校、いや教育のことは政府の意向におまかせというこことで、第一次安倍政権の教育行政の反動化にも、ほとんど無関心でした。しかしこの改定は、国が人々への情報提供を、教育組織を通じて制御することで、国民一人ひとりの学習権を国が制御できるものなのです。それを子どもの学習過程から行うことができるようにしたことは、魂を国に委ねたということです。

第二次安倍内閣は、いわゆるアベノミクス、経済から手をつけたと一般には考えられています。しかし、第一に安倍政権が手がけたことは、国民の魂を支配する「教育改革」からはじまったとみるべきです。まさに子どもを含む学校制度を権力機構に取り込むことで、日本の社会の中での人間成長の在り方を根本からゆさぶるような動きだった、と私には思われます。

社会的文化的胎盤の社会的を先にいいますのは、動物は群れをもち、ある種の社会性をもっていますので、社会的が先にきます。言語と思考をもつ文化は人間固有のものでしょうから、社会的の次に文化的と順序をつけて胎盤。胎盤というのは、本当に個体が生きていくまさに胎盤そのものですよね。その中で胎児のときから、環境に支えられて代謝を行うことで自ら成長する。

この世の中をこう考えてみたらという発想です。ネガティブにいえば、学校中心の教育をなんとか乗り越えなければいけない。教育は、あくまで一対一、その子、その人との対応の中で実を結ぶアートと呼ぶべきいとなみです。点数順番をやめる。

僕はテストそのものを全部否定するわけではありませんで、テストはその子についていろいろなことがわかっている教室で、あるいは小さな集団でテストをすれば、たとえば彼は数学でどこにひっかかっているか、どこが得意かという評価ができるわけです。そのうえ、教師自身の教育を反省する自己評価にもなります。ですからテストを否定しているわけではありませんが、世界規模のテスト結果が新聞の一面に載るというのは驚くべきことだと思っています。

「啐啄同時」——教育実践の微妙さとその本質

田中　さらに、「総序」では、「生命の根源的自発性」「社会的文化的胎盤」という言葉の上に、「啐啄同時《そったくどうじ》」という、教育実践の微妙さ、教育の「アート」としての本質を表す言葉が重ねられています。「啐」は卵の中の雛の鳴き声を表し、「啄」は親鳥がそれに呼応して殻をつつく音を表すそうで、これは、教育実践の微妙な性格とその本質を鮮明に浮かび上がらせる、絶妙な言葉ですね。

大田　あれは、北田耕也（社会教育学、1928～）さんから盗んだのですよ。北田さんはその言葉の意味を知っていたんですね。私は後で辞書で調べてみて、これはアートとしての教育

にぴたりだと思いました。それで引用したわけです。

『山びこ学校』のようなすばらしい「啐啄同時」もありますが、一人の障がい者が力いっぱいできる限りのところで生きていく、それが人間関係のひびき合う場であれば、生命のひびき合いをとりもどせる。実現できないとしても、そこをめざして、かすかな光をめざして生きていこうではないかという問いかけだと、僕は思っています。

ですから、文字通りかすかな光です。たいへんなできもしないことをいうのは夢だということは自分でもよくわかっていますが、でも夢がある社会とない社会では質が違うのではないですか。

田中 私は、この20年近く、教育や福祉や医療・看護の専門職の人々、そしてそうした「人間発達援助専門職」を養成する専門機関の教員の人々が通う大学院で、教育・研究の仕事をしてきました。教育の実践も、医療・看護の実践も、福祉の実践も、広くいえば人間的なケアという言葉で表されますが、子ども自身や患者本人が今こうしたいと思うことにひびき合うはたらきかけが行われた場合に、ケアが本来の意味をもつことを、大学院生諸君から日々教えられています。「啐啅同時」という言葉は、教育だけでなく、人間が相互にかかわり、相互に変化し成長する実践の微妙さ・本

――質を、非常によく表していますね。

大田　まさしく、ケアを含んで、本来医療そのものも生命と生命とのひびき合うアートなんですよ。実はサークルに参加された看護師さんが、看護師研修会で、「看護はアート」というナイチンゲールの言葉を学んだそうです。

それにしても教育は国家の統制機構の一部としての学校教育制度に収斂して用いられる言葉になってしまっているように思います。そんなこの国の状況の中で、僕は、「教育」という言葉が誤訳ではないかとずっと考えてきました。「教」が先にあって「育」が次にきて、上からの「教化」に接近していて、これはやはり誤訳だと思っていますよ。共に育つ「共育」という言い方もあると思います。“education”という言葉を否定するのではなく、翻訳語としての「教育」という言葉に違和感をもつのです。

「共育」という言葉は、中小企業家同友会がずっと使っています。埼玉と千葉の二つの中小企業家同友会のサークルを僕の家でやっていますが、同友会は経営原理の中心を、共生と共育においていています。中小企業ですから、地産・地消、地域の人とともに生き、社員と共に育つ。実際はそう簡単ではなく、サークルの集まりが終わって部屋から出ると、「やっぱり金や」という人もいます。でもそういう人でも、またサークルにやってみえます。夢の時間を楽しみたいと思っているのではないでしょうか。

「問いと答えの間」と人間的時間の問題

田中 すでに少しふれられましたが、このインタビューのお願いをした折に、先生は、私に、「以前に書いた『問いと答えの間』(『教育』1965年9月号、国土社)とかかわって、深める必要があると考えている問題があります。人間的時間の問題とでもいうか…」と言われました。おそらく、子どもの生存・発達・学習にかかわる「時間」の問題と、子ども(より若い世代)とともに生きるおとなの「時間」の問題とを合わせてお考えになっているのであろうと思いますが、そのことについてぜひお聞かせください。

大田 先に言いましたように、65年の「問と答の間」には、主体と客体の問題が出てくるのですが、80年代になって、僕は、「せっかちについて考える」(『教育』1987年8月号)という文章を書いています。同化の問題は自分の中にある問題で、ついつい教えたがって、僕自身も

しばしば同化を求める。

ミヒャエル・エンデの『モモ』（原書1973年、邦訳大島かおり、岩波書店1976年）は時間の問題を扱っていて、これは人間の文明の非常に重要な問題で、時計の時間にかかわりない生活のテンポ、自分を活かしていく時間というものの使い方、つまり生き方そのものだと思うのです。そういう意味の時間が「問と答の間」の時間でもあり、そこに我々のザイン、自分の存在そのものがある。その存在を豊かにする、またそこでわくわくどきどきする。そのことによって人間は変化し、成長していくと思います。

時間は人間固有の問題で、他の動物は大きな筋での季節などへの対応といったことはあるでしょうが、あまり時間を気にしていないと思います。僕らは時間に支配されていますが、僕は、充足した瞬間、生きた時間、ああ、こうだということを思いついたり、これはいいなあとか美しいなあと思ったり、そういう無心の自己充足の時間が本当の時間ではないだろうかと思いますね。

長かろうと短かろうと瞬間であろうと、時計の時間ではない充足された時間、これを人間は大事にしなくてはならないのではないか。しかし、まだあいまいで、十分な説明ではありませんが…。

田中 フランスの精神医学者、病理学的心理学者で、ここ20〜30年、再注目されているピエール・ジャネが、自分の身体を自分の身体と感じる感覚・意識を「身体的人格」、他者との関係のなかで自分を他者と異なる自分と感じる感覚・意識を「社会的人格」、時間の中で持続しつつ変化していく自分を感じる感覚・意識を「時間的人格」と呼び、人間の自己・自我・人格の形成・発達の過程は、これらの三側面が複雑に絡まりあって進行していく過程であると言っています。

私は、ジャネにヒントを得ながら、子どもが生活の中で表現し語り綴ることを受けとめ、聴きとり、読みとることを、子ども研究の基本的な方法とするようになってきていますが、そのなかでもとくに、子どもが、それぞれの場所、それぞれの時間に遭遇した出来事・経験を、自分の人生の文脈、人間的時間のなかで自分でつなぎながら、自己・自我・人格を形づくっていく過程、ジャネの言葉でいえば「時間的人格」の形成・発達の過程に着目しています。

そのなかで、子どもの生活史の語りを聴くたびに、その子どもが、いつ、どのような仕方で、充足した時間をもったと感じているかということは非常に面白く重要な問題で、その子の自己のありようを大きく左右することだと思っています。

大田 そうなんですよ。充足した時間をもつのは、おとなより子どもなんですよね。子どもた

ちは、本来役に立つかたたないかなどという問題よりも、おもしろいかおもしろくないか、なぜかというそんなこと、おとなにとっては理由にもならないこと、そういうことをたくさんもっていると思うのですね。

そんな時間を、おとなになるにつれてだんだん失っていくというのが、現代のモノ・カネ合理化一辺倒の社会の人間存在の状態かと思います。子どもの中には豊かな時間があるはずだと、僕は思っています。ですから子どもはいつまでたっても光ではないか、我々のあこがれではないかと思います。

先日、『朝日新聞』の「秘密保護法案」に対する連載の「異議あり」の欄のインタビューを受けて、それに「被害を受けるのは子ども」という題をつけました。それはそういうことを意識しているからだと思います。だから子どもはいつまでたっても我々の光ではないかと。そこへ注目したのが『モモ』で、エンデはそこがわかってのことだと思います。

「秘密保護法」の制定を前に

――**田中** やはり私がこのインタビューをお願いした際の電話でしたが、先生は、「『秘密保護法案』の問題が…」とつぶやかれていましたね。その後、今おっしゃったように、『朝日新聞』（2013年12月6日）の「異議あり」の欄に、「被害受けるのは子ども」というタイトルで、先生の談話が掲載されました。子どもの生存・発達・学習の観点からの問題の指摘が、極めて重要だと思いました。

大田 2006年末に、第一次安倍内閣によって、教育基本法が改定されたわけですよね。憲法の精神を基本とした1947年の教育基本法に、政権好みの観念を挿入して、条項を列挙した改定教育基本法を、多数決で成立させた。

そして今度は「特定秘密保護法」を通して、国民の知る権利の問題に入っていったわけです。知る権利は学習権の一部です。学習権は生存権の一部です。あれはメディアや特定の秘密保護だけの問題ではなくて、私どもの魂が奪われるという、我々一人ひとりの問題につながっていくと僕は思うのです。

教育の世界では、とっくに国が教科書を検定で統制してきた。それに、私たちは、家永教科書訴訟（1965年）のように、半世紀にも及ぶ抵抗をしてきたのです。「全国一斉学力テスト」も、国の示す教育内容を基準にテストするのですから、秘密ではないけれど、結果的には、国や政権による情報統制による人権侵害になっていると私は思います。こういう状態が進むと、国家主権が強化され、上からの情報統制が強力にはたらくことになります。労働組合や、人民自主による活動にも制限が加えられることになります。安倍政権の「教育再生」、さらに「教育再生実行」という用語は、私には戦前復帰を思わせるほどです。

戦後日本の社会のもう一つの大きな問題は、経済成長と成果主義が極端な自由競争の風潮をもたらすこととなり、それが新しい人間関係の創造をもたらすどころか、かつてあった人々の共同体をこわし、相互の関係性を崩壊させたままになっているということです。バラバラで孤独化した社会は、ときに強力なリーダーシップをもった政権を求めます。その危険性への懸念が、戦前・戦中の私の体験のなかからよみがえってくるのです。

ですから第一次安倍内閣ができたときに、これはたいへんだと思ったけれど、第二次安倍内閣成立の可能性が見えて、これは危ないと思って、撰集を出す気になりました。生命のあるうちに何か遺さなくてはいけないという思いです。

田中　そうでしたか。今、先生の今回の『自撰集成』の刊行の直接の動機がそこにあったとうかがうと、日本の社会の危機の深さを改めて考えさせられます。

教育研究のあり方と「語り」の重要性

田中 最後になりますが、今日の教育研究、そして教育科学研究会や日本の民間教育研究運動に対する注文をお聞かせください。

大田 今の話の筋からいうと、教育研究は、生存権としての学習権の問題とどうひびき合うかというアートを対象とする研究ですから、人間学の基本、社会科学と人文科学の中核にあるような非常に大きな、しかも複雑な課題をもった総合科学的な研究領域だと思います。それだけにあまり学校教育や教授法などということだけに研究を狭めず、生命の摂理に従ってやってほしいと思っています。今までの教育学の伝統にあまりとらわれないで、研究分野をもっと多様にする、広げるというか、つまり自然科学も利用し、社会科学も利用する、それに文学とその他の芸術への関心が非常に大切だと思います。

憲法学者の小林直樹（１９２１〜）さんが中心となって総合人間学会というのをなさっていまして、僕は最初から参加しています。それは本当にかすかな光のような小さな学会ではありますが、希望としては大きなものです。特に教育研究者が、そういう広さで研究活動を展開し、非常に大きな夢として教育研究を背負っていただきたい。教育は社会現象のひとつだといった狭い専門領域ではなく、総合的な人間研究が必要だと感じています。

僕は、学校は劇場であってほしいと思っています。アーティストの雰囲気を回復する。これは非常に大事なことで、そこでここちよく自分の好きなことを発見する場所というような広い舞台に子どもたちが自分を置く。それを助ける仕事として演出家（アーティスト）としての教師がいる。こういう姿にならないと、教育論を読んでいてもおもしろくありません。

教育研究は、身近なところを掘り下げていくと、人間のいろいろな分野に問題が展開していく、おもしろい分野だと思いますね。ですから僕は教育研究をやったのを後悔はしておりません。

しかしまちがって教育を選んだんですよね。社会をよくしようなどという同化思想があったと思うんですよね。ですから、まちがいであったことを直すのに50年かかったということだと思うんですが、それでもまだ教えたがりやですから、それを乗り越えるのはたいへんなことだと思っています。

いずれにしても、教育研究を夢のある学問にしてほしいと思っています。この厳しさの中でそんなことをいうのは、なんだと思われるかもしれませんが、夢をもちながら批判をする、批判が先にくるのではなくて、夢を展開する。そういう仲間を増やしていくことが大事だと思います。

田中　『自撰集成』の「総序」には「附記」があって、そこには、歳を重ねられるにつれて、思索・研究の過程を「語り」という形式で表現することを重視されるようになってきたという趣旨のことが記されています。先生が教育とは何かを問い続けられてきた過程が、教育を語り考えるにふさわしい表現形式と言語様式を問い続けられてきた過程でもあるということを、改めてはっきりと感じました。

大田　今言われた語りという問題はすごく大事でして、書くという表現よりももっと根源的なものだと思います。人類の歴史の大部分は語りでかかわってきたわけですから。日本にも無文字社会というものがあって、文字がまったく使えない社会の中で、語りを通して流れてきたわけで、語りほど重要なものはありませんね。今度の撰集も、講演の語りを文章にして出発しています。語りはすごく大事で、これは生命と生命がひびき合う、人間にとって根源的なコミュニケーションでしょう。

書いたものが印刷されて本になると、あまり考えなくても書いてあるということで、実物を確かめることをやりません。しかし、語る場合には、やはり実物を語らないと説得力をもちませんから、生のものにふれた語りというのは、特に大事だと思います。

田中 私は、今、自分自身の専攻を、あまり熟した言葉ではありませんが「臨床教育学」と名乗るようになっています。それは、地域（community）のなかで生きる子どもたちにできるだけ自然に接近し、子どもたちの生活と生活史の語り（narratives）に耳を傾け、子どもたちの自己（self）の形成・発達を支える援助的・教育的実践の構想を、子どもたち自身や、その保護者たちや、彼らを支える援助的・教育的な実践者の人々とともに語りあい、描き出していく、総合的な学問だと考えるようになっています。そして、今日、最初にお話しいただいた生活綴方教師たちの実践と思想を、それこその重要な「遺産」と考えております。私自身の模索にとっても、きょうは、大きな刺激をいただきました。ありがとうございました。

大田 いろいろ引き出していただいて、ありがとうございました。

（２０１３年12月17日　埼玉県大田宅にて）

生き物の生存は学習とともにある

今日は、「生き物の生存は学習とともにある」という題目で、お話しをしたいと思っています。学習というものは、生きることと共にあり、生存に欠かせない、そういうものとして私は理解しております。そして、学習というものを非常に大事なものとしてとりあげていくことが、教育研究のうえでは必要だと思っておりますので、まず学習を中心にお話しします。

学習

生物がこの世に生まれて38億年経っているといわれています。その38億年の歴史をもっている生き物は、環境に学びながら生きてきました。人間の教育はさかのぼっても数千年たらず。それに対して38億年の歴史をもつすべての生き物は、学習をとおして今日まで己の生命を維持してきました。そうした生き物の一部である人間がその生き方を考えるうえで、まず学習という問題を中心にすえて考えていくことがどうしても必要だと、私は確信をもっているわけです。そういう立場から、まず学習というものについて申し上げたいと思っております。

生き物は生まれると世界の中に出ます。世界というのは、すべての生き物（人間を含む）にとって対象的な存在であって、自分と対象とのかかわりの中で、いろいろな情報をそこから得ることになります。自分にとって好みに応じた情報や必要な情報を獲得し、いらないものは捨てる。あらゆる生き物はそうした情報の代謝をやって、取り入れる部分と捨てる部分を区分しながら自らを変えているのです。私はこれを情報代謝といっているのですが、生き物は情報代謝をしながら学習を繰り返し、自らを変えていっているのです。

たとえばバクテリアという生物があります。これは生き物の元祖みたいなものですが、このバクテリアでさえも代謝をやり、学習をしているということが、科学的にわかってきた。代謝とは、必要なものは取り入れ、いらないものを排泄して自ら変わるということで、そういうことをバクテリアもちゃんとやっているのですね。

生き物は情報代謝をすることによって学習し、自ら変わり続ける。学習は生きる過程そのものなのです。そういうことを次々にいとなんで個体自身が変わりゆく。そういう流れる姿そのものが、生命だということになるわけです。38億年という長い生き物の歴史の中で、ひとつひとつの生命が水のようにつながっていく、いわばめいめいの生命が川のような流れなのです。

しかし、変わるのは、変えられるのではなく、自らの力で変わるのです。あらゆる生き物は、根源的に自ら変わる力をもっていて、自らの力で変わるんです。私はこれを「根源的自発性」という言葉で呼んでいますが、38億年からの生物の歴史を踏まえて、ひとつひとつの個体が自らそれぞれ違った形の生命の流れをつくっている。そういう認識のうえにたって、生命に接触しあっていくことが、非常に大事なことだと思うのです。


これを教育の歴史との関係で申し上げますと、デューイ（John Dewey）（１８５９〜１９５２）が、生命は、自ら自分を変える、セルフリニューアル・プロセス（self-renewal process）であると言っているんですよね。セルフリニューアル・プロセスというものが、ライフ、生命なんだというとらえ方をすでにしているのです。

そのデューイは誰から影響をうけたかといえば、『民主主義と教育』("Democracy and Education")（１９１６年）を読みますと、こういう趣旨のことが書いてあります。生物学の驚くべき成果によって、ライフはセルフリニューアル・プロセスそのものであるということを私は知りました、と。

また、パブロフ（生態学者、Ivan Petrovich Pavlov）（１８４９〜１９３６）という人がおりますが、この人は条件反射を発見した人です。生き物は条件反射をして自ら変わっていくわけですから、これなども、今お話しした研究の流れに近い見方といえましょう。それからもっとはっきりしているのは、エンゲルス（Friedrich Engles）（１８２０〜９５）で、『反デューリング論』（１８８０年）のなかで、生き物は、常にタンパク質が変化して、そのタンパク質から新しいタンパク質が次々にできていって、不断の自己更新を行っているということをいっています。エンゲルスは、生命は流れているというとらえ方をしているのですよね。

生命がセルフリニューアル・プロセスであるということの根拠として、このような科学的研究の事実があるということを頭に置いていいのではないかと思うわけです。

それらからデューイが直接に影響を受けたかどうかは別にして、私は、デューイはかなり奥深い19世紀の科学の成果のエキスとでも言うべきものを吸い取っていたと理解しています。残念ながらデューイは１９５２年に亡くなりました。ＤＮＡが発見されるのは１９５３年ですから、その1年前にデューイは亡くなっているわけですが、デューイがもし生きていたらＤＮＡ研究の成果と動きをもっと受け取っていたはずだと思います。

これらのデューイ以前の発言者については、植物学者の岩田好宏氏のご教示によることが多かったことを、付け加えておきたいと思います。

デューイよりも後にですが、コンラート・ローレンツ（Konrad Lorenz）（１９０３～８９）という人がいます。日本では「早教育」で有名になったようですが、そのローレンツに『生命は学習なり――わが学問を語る』（"Leben ist Lernen"）（１９８1年）という、Ｆ・クロイツアーという人を聴き手として語った本があります。この本のタイトルがまさにそうなっているわけですが、ローレンツは、生命は学習である、それは学習によって変わり続けるということを語っています。小さな対話の本です。

生命が自らを変えていくということへの着目は、我が国の教育実践の中に知らない間に入り込んでおります。生活綴方教育などは子どもの自己表現を励ましながら仲間と対話をして、自分を変えていくということをやりましたからね。生活綴方には生命の特徴である、「ちがうこと」、「かかわること」、「かわること」の3つがちゃんと入っている。先輩たちの優れた教育実践のなかには、思わぬといっては失礼ですが、こうした生き物のリアリティが含まれているんですよ。それで、私は生活綴方教育に関心を強くもったんだと思います。

私は生活綴方からすごく影響を受けたんですよね。それまでどうやって教えたらよいのかばかりを考えていましたので、生活綴方で僕の研究はまったくひっくり返ることになりました。子どもたちが自ら変わることを手助けする、そういう形の生活綴方教育は、教育実践の中でもよりすぐった実践ではないかと私は思っています。

生命体が学習によって自ら創造的に変わるという点については、デューイの発言に加えて、中村桂子（生命誌研究者）さんの『自己創出する生命』（哲学書房、1993年）という著書があります。教育とは何かを問い続けていた私は、「これだ！」と大きな影響を受けました。

さらに、中村桂子さんが、私のものを読んでくださり、『百歳の遺言』（藤原書店、2018年）での対話のなかで、「ちがうこと」、「かかわること」、「かわること」の教育に100パーセント賛成ですとおっしゃってくださっておりましたので、「生命誌」研究という思わぬ分野の方からそう言われて、うれしくてうれしくて……。その対談では、中村さんと楽しくお話をさせていただきました。

生き物は世の中に生まれ出ると、その生まれ出た環境から情報というものを獲得しながら変わっていきます。お母さんのお乳を飲んでいるときや、新しいものとの接触に応じて、それを吸収、代謝して自分のものにして変わりながら成長していきます。成長・発達というものは、そういうプロセスの一環なのです。主体性とか自主性とかというようなことが盛んに教育界で言われていますが、生き物には38億年の学習の歴史がちゃんと入っているわけですから、変わるようにできているのです。ですから、我々人間というものもそうした生き物のひとつだと認識することが大事だと思うのです。これが私の申し上げたいことの第一点です。

情報

　では、なぜそういうふうに変わるのかというと、さきほどから申し上げていますように、情報を得ることによって変わる。生まれ出て外的世界にふれることによって情報を獲得して、それを代謝しながら自分を変えていくのです。

　ここで情報という概念があらわれてくるわけですが、この場合、非常に広い意味を含んでいます。教育学では情報という言葉はあまり使いませんけれども、広い意味での情報というものは、我々が生きていくうえでは必要不可欠です。

　そこで情報とは何かということになるわけですが、情報そのものは物質でもなければエネルギーでもない。あらゆるものを包み込んでいる外界がみな、いろいろな情報源ということになるわけです。しかしそんなことの一つひとつについては言いようがないから、情報から学ぶと言っているのですが……。こうした情報の中味には、生き物の場合もあるだろうし、自分の好きな食べ物もあるだろうし、そうした情報の中から自分にとって必要なものを選び取っている。その選び方は個体によってみなそれぞれちがうのです。

これまで情報という言葉が、どういうふうに使われてきたかと言いますと、敵が強いか弱いかとか、どんな武器をもっているかとか、相手である敵の状態を知ることを情報と言っていたということがありました。情報を知るということで、軍隊などがよく使った。こうしたことが、日本語で使われてきた情報だと思います。

次にまったく新しい言葉としての情報は、梅棹忠夫氏（京都大学）によるものです。それは広く社会科学的なもの、産業論・文明論として、さらに情報化社会など人間に使用され注目されましたし、今日でも使う場合があります。それ以前には、情報という言葉は、体内の分子と分子、細胞と細胞との間でかわされる生理学的な用語として使われてきていました。今でも使用されているでしょうが、非常に限定された領域においてでしょう。

しかし、今私が使っている情報は、もちろんそういった情報も含みますけれど、主体の側からみて、むしろ外界のありとあらゆるものを広く情報として、使っています。たとえば空気、これも情報なのですよ。空気を吸って生きて、自分が変わっていく。あるいは食物を食べて変わっていくということもあります。こうした情報はもっとも広い範囲のもので、我々の生存にも直接につながっている。ですから、情報をここで使う場合には、もっとも広い意味におけるものとして、ご理解いただければと思います。

ところが、その情報の選択もそれぞれの生き物によって、みなちがうわけです。ここが非常に重大なところでして、これを環境の世界、その人の「環世界」(umwelt)と呼んでいるユクスキュル(Jakob von Uexküll)(１８６４〜１９４４)というドイツ人の研究者がいます。生き物はそれぞれが自分の「環世界」をみなもっていて、それぞれの「環世界」の中で生きているわけですから、それがなかったら生きられない。まさに生命にかかわるものなのですよね。

「生命誌」の研究では、情報というものは、生き物の生存にとって不可欠なものだとされています。それがなかったら生きられない。同時に情報の方も生き物がいなかったら存在する意味がない。そういう関係になっているということは明らかです。生き物があってはじめて情報というものが登場する。ですから当然、子どももそれぞれが「環世界」をもっているわけで、その中から一人ひとりの子どもが情報を受け取っているのです。そして、それを代謝して変わる姿というものは、それぞれみな違っています。そういう一人ひとり違った子どもの変化に対応しなければならないわけですから、教育の仕事というものは並々ならぬことをしなければならないのですね。

こういうふうに考えてきましたので、私は、先に触れた対談の機会に、中村桂子さんに、「情報代謝」というものがあるんじゃないでしょうかとお尋ねしてみました。

中村さんは少し頭をひねって、「『情報代謝』というのは、まだ学術界で正式に認められているものではありません、ただこれから、使用する人が出てくるかもしれない、すごく大事なことではないかと思います」と、言われました。そして、教育の世界では使ってもよいのではないでしょうかということも、暗示的に言われました。私は、やはり「情報代謝」というのはそれほど無茶な考えではなかったなあ、これは通用するかもしれないと感じました。

中村さんの研究分野では、まだ脳を持つにいたっていない生き物も生命科学の立派な対象なのです。そういう生き物は脳がありませんが、身体全体で代謝しています。重要なのは、私たち脳を持つ生き物も、脳で代謝するばかりでなく、身体全体で代謝しているということでしょう。これは非常に大事なことで、人間にとっても、頭でっかちでは困りますので、身体全体を使って情報を獲得し、代謝する必要があるのです。

ですからこのたびの中村さんとの対談は僕にとって大変よい勉強になりました。脳だけでなく身体全体で情報を代謝するという中村さんの指摘を受けて、僕は体操や音楽など、特に小学校の低学年では重視されるべきだと考えました。いや、特定の科目に限らず、「情報代謝」は教育全体で重視されるべきだと思います。脳での代謝も重要ですが、「頭でっかち」では困りますから。

教育

次に教育とは何かという問題ですが、教育がまずあって学習がある、これが普通の日本の学習の使われ方ですよね。学習は教育に従属させられているというのが、ごく一般的なとらえ方ではないでしょうか。

ところがすでにお話してきましたように、逆なのです。生き物は38億年にわたる学習の大変な歴史をもっている存在ですから、まずすべての生き物に学習があって、それを助ける教育というものが出てこなくてはならない。

教育は、人間の歴史でもたかだか数千年の歴史ですから、生き物の学習の歴史と比べたら問題にならないですよね。教育ではさかんに主体性を大事にというけれど、そんな簡単なものではないのですよ。これは非常に重大な問題です。教育ではなく、まず学習が先にあるのであれば、教育はそれにそうものとして退き、学習と教育の位置をかえることができると思うのです。

教育という言葉は英語でEducationですよね。翻訳がさかんに行われていた明治維新の頃には、かえって非常に進んだ教育の解釈まで行われていたんですよ。Educationという言葉は、ヨーロッパでは、民主主義の気風を反映した「新語」なんです。英語大辞典やフランス語大辞典をひきますと、Educationは、Educo（引き出す）というラテン語の語源を含んだ言葉で、それは比較的新しい言葉だと書いてあります。市民革命前後の、ヨーロッパでも進歩的な概念で、Educationが学習主体である子どもや人を重視するものであるのは当然なのです。Educoには、学習者の内面から引き出すという意味がある。

しかし日本では、ある特定の時期と社会において、そのEducationに教育という翻訳が公的にあてられました。その教育という言葉を使って「教育令」が明治12（1879）年に出されますが、ここのところをもっと丹念に調べなければならないと思っています。「教育制度」「教育令」「教育勅語」などの教育という言葉を、誰がどういう立場であてるようになったのか。欧米の Education の翻訳語として、教育を公用語として使用することに決めたのは誰か、ということを明らかにしなくてはならない。

この教育という言葉を表に出すにあたって、最大の役割を果たしたのは誰かということについて、関与した者の名前などは、実は、すでに研究者によってほぼ明らかにされています。そのほとんどが、上級武士であったことは否定できません。天皇の勅令で「教学大旨」が明治12（1879）年に出されますが、そこには、ヨーロッパ的な新しい考え方をやたらに入れてはいけない、儒教的な考えも入れなさいとあります。

儒教的な考えをとりいれた教育というものの考え方は大変古くからあって、『説文解字』という紀元100年に中国でできた字引には、「教の字は上の者が下の者に施すもの」とあります。この上の者が下の者に施すものという、中国の儒教系の解釈が、日本でひろがったのは、実は天皇とその側近たちによってなんです。そして「教育令」ができあがり、教育という翻訳が法律の中に場を占めます。

ところで、それまで教育に相当する言葉を使っていたのは武士たちです。しかし、武士の使った言葉は、教育というより学問でした。徳川時代にも教育という言葉があることはありましたが、何か悪いことをしたときに戒め忠告するとか、そういう言葉として教育は使われていたようです。武士は高い身分ですから、下々一般の平民に対して、教育という言葉を学問より高いところに位置づけるということはなかった。下の者・平民を教育する、教育と翻訳することで、その価値が下段に置かれたということは、ほぼ間違いありません。

福沢諭吉（1835～1901）は、教育勅語が出される1890年10月30日の1年前に、89年8月5日付の『時事新報』の社説に「文明教育論」を書き、次のように言っています。「学校は人に物を教うる所にあらず、ただその天資の発達を妨げずしてよくこれを発育するための具なり。教育の文字ははなはだ穏当ならず、よろしくこれを発育と称すべきなり。かくの如く学校の本旨はいわゆる教育にあらずして、能力の発育にありとのことをもってこれが標準となし……」（山住正己編『福沢諭吉教育論集』岩波文庫、135頁）

教育勅語が出される前夜に、これはいけないと思ったのか、福沢は、自分の新聞である『時事新報』に教育は誤訳だ、ふさわしくない、「発育」に変えた方がいいと書いています。ところがその福沢のその後のものを読むと、やっぱり教育という言葉を使っているんですよね。ですから、福沢といえども教育という誤訳を改めることができなかったのです。

人間関係の質

しかし、お話ししてきたように、何よりも学習がまずあるということが科学的にも明らかだということは、非常に重要なことだと思います。まず教育ありきではなくて、まず何よりも学習がある。その学習を介助するのが教育なのだということになれば、上から下への教育の圧力は消えていくぞとさえ思います。

しかし、それは簡単には消えない。消えない理由がどこにあるかといえば、日本社会の空気です。というのは、明治憲法の中には教育という言葉がまったく使われておりません。なぜ使われないかといえば、ドイツあたりの外国人の勧告もあって、教育を憲法に入れると、議会で議論の対象となり、いろいろに論議の対象となる。議会をとおさず、教育を天皇の命令である勅令によって万事定めるべきだと。そのため教育のことは、天皇の命令、軍事と同様に、すべて法令上では、天皇の命令によって教育は運営されることになり、天皇の勅語にもとづき、勅令によって行われるべきだと定められたということなのです。その結果、天皇の勅語・勅令によって執行されることとなった。そういう時代が、明治から敗戦時まであるわけです。

そのときの教育の観念は、本来のEducationの誠実な訳ではなくて、上から下へ、「天皇」から「臣民」へ、ないし「その時々の政権」からの意向に委ねた教育の実現へということになったのです。これが教育をめぐる日本社会の空気でした。ですから日本人のほとんどが教育といったら上から下へと思っていて、学習がまずあって教育はそれを助けるのだというくどくどしいことを説明しなくてはいけない状態にあるというのは、明らかにその古い教育の観念が今日まで存在する形で広がっていったからなのです。

さて、これで終わりにしようと思いますが、２０２０年に学習指導要領が改訂されますね。報道などによれば、学習を大事にして、「自己表現と対話」を目指す指導要領を出すと言われています。

しかし、これは大ごとなんですよ。本当に「自己表現と対話」を中心にした教育体制をつくるにはどうしたらいいかということになると、とてもじゃないが簡単にはできません。まず40人学級ではだめですね。一人ひとりの学習権を考えたら、せいぜい20人以下の学級にしなければいけませんし、大きな学校は小さくしなくてはならないでしょう。それにはお金がかかるばかりでなく、教師自身の質というものも、一人ひとり丁寧な教育を行うためには、高度なものにしなければなりません。

根源的に自ら変わる力をもっている子どもたちに対して、教えるということを考えなおさなければならなくなりますので、「教師養成の改革」が必要になります。そうしたことについての必要な条件整備は示していません。やろうとしてもとてもじゃないけれど、財政的にも不可能です。ですからそういうようなことを出しても、実行は不可能だと私は考えております。

学習をトップにもってくるとなると、教育の役割が大変重大になりますよ。一人ひとりちがった学習体験を持つ子どもに、彼が経験した新しい文化を位置づけるという、実に高度な知性を教師は身につける必要がありますので、教養、芸術を必要とします。ですからものすごくお金がいるのです。非常に無理なことだと私は思っています。

日本の社会は上下の人間関係が強いでしょう。例えば上司の意に従うとか、忖度して総理大臣の意向に、公的なことだけでなく私的なことにまで従うとか…。そういう上下関係の強い国で、上下関係をなくすることをしない限り、この2020年の学習指導要領が言葉として掲げているようなことは実現できないでしょう。

極端にいえば、この日本の人間関係を改めるには、上下関係を改めなければなりません。上下関係をひっくり返して、みんな平等な人間関係にすること。これはいわば革命ですよ。しかし、革命とはいえ、武力、暴力を用いず、あくまで平和的手段による民主的転換であるべきです。「天は人の上に人を造らず人の下に人を造らず」という、明治維新の精神にたちかえることが求められます。

だからこの2020年の「案」を本当に実現しようとすれば、お金の問題ばかりでなく、社会の人間関係を変える必要があるのです。本当に学習というものを軸にして、これを助ける教育というものを実現するためには、我が国の人間関係を変えなくてはなりません。そして、そのためには、「天皇制」とそのありかたの問題を歴史的にふり返って考えてみるということを抜きにしては、これを解決することがむずかしいと私は感じています。

満100歳ということで、私にはあまり先がありませんから、ただそれを一言残してこの世を去りたいと思っております。

＊以上は、「あとがき」にも記したように、2018年9月21日に、佐藤広美と田中孝彦を聴き手として、大田が語った「語り」の記録である。なお、大田は、その後、その記録に、何度か手を加えた。本書に収めるにあたっては、田中が、他の文献からの引用や引用文献の表記の仕方などについて若干の整理を行った。

大田堯 略年譜

作成●佐藤広美

・『大田堯自撰集成3』収載の「大田堯略年譜」および「著作目録」を参考に作成

年	年齢	略歴・著作
1918（大7）年	0歳	広島県豊田郡船木村に生まれる（築島彦一・エイの三男）
1935（昭10）年	17歳	海軍経理学校受験、視力検査で不合格
1936（昭11）年	18歳	広島高等学校（文科）入学
1939（昭14）年	21歳	東京帝国大学文学部入学
1941（昭16）年	23歳	同大学卒業、卒業論文「自然科学の陶冶価値」（12月）
1942（昭17）年	24歳	同大学院に進学 召集令状により西部第二部隊に入隊
1944（昭19）年	26歳	セレベス海で軍輸送船と共に海没（8月） その後、スラウェシ島（当時はセレベス島）の椰子林で、守備隊としてとどまる。
1946（昭21）年	28歳	召集解除により紀伊田辺港に帰還（5月） 広島県三原市本郷町の地域教育計画に参加（7月） 大田智子と結婚（大田姓となる）（9月）
1949（昭24）年	31歳	東京大学助教授（教育学部）就任 『地域教育計画―広島県本郷町を中心とする実験的研究』（7月）
1951（昭26）年	33歳	第1回作文教育連絡協議会（中津川、8月）に参加 第1回日教組教研集会（日光、11月）に参加 『教育』（国土社、11月）復刊に参加
1952（昭27）年	34歳	第1回教育科学研究会全国連絡協議会（熱海、3月）に参加
1954（昭29）年	36歳	埼玉県浦和市西堀の青年たちと勉強会（ロハ台）開始
1956（昭31）年	38歳	文部省在外研究員としてイギリスに出発（11月～1958年5月）
1965（昭40）年	47歳	東京大学教授就任
1969（昭44）年	51歳	教育科学研究会委員長（～83年） 『学力とはなにか』（10月）
1973（昭48）年	55歳	『教育の探求』（7月）
1974（昭49）年	56歳	日教組第1次教育制度検討委員会（委員）

1976（昭51）年	58歳	共編『民間教育史研究事典』（8月）
1977（昭52）年	59歳	都留文科大学学長就任（12月〜1983年）
1978（昭53）年	60歳	編著『戦後日本教育史』（6月）
1979（昭54）年	61歳	日本教育学会会長（8月〜1991年8月）
1982（昭57）年	64歳	日教組第2次教育制度検討委員会会長 世界教育学会（WAAER）理事（〜1993年）
1983（昭58）年	65歳	『教育とは何かを問いつづけて』（1月）
1986（昭61）年	68歳	『子は天からの授かりもの』（6月）
1988（昭63）年	70歳	日本子どもを守る会会長（5月〜1997年）
1989（昭64）年	71歳	『地域の中で教育を問う』（11月）
1990（平2）年	72歳	『教育とは何か』（1月）
1991（平3）年	73歳	中国国家教育委員会招聘により中国訪問
1994（平6）年	76歳	『私と家永教科書裁判　教育への権利を問いつづけて』（12月）
1996（平8）年	78歳	北京大学客座教授
1997（平9）年	79歳	『子どもの権利条約を読み解く』（4月）
1998（平10）年	80歳	『生命のきずな』（12月）
1999（平11）年	81歳	妻智子死去（7月）
2001（平13）年	83歳	広島県三原市本郷町「ほんごう子ども図書館」開館（7月）
2005（平17）年	87歳	馬場小室山遺跡に学ぶ市民フォーラム実行委員長
2010（平22）年	92歳	埼玉大学への寄附講座「見沼フィールド・スタディーズ」開講
2011（平23）年	93歳	『かすかな光へと歩む　生きることと学ぶこと』（2月） ドキュメンタリー映画「かすかな光へ」（監督・森康行）完成 韓国訪問。ソウル大学、プルム農業高等技術学校（忠清南道）で映画上映と講演
2013（平25）年	95歳	『大田堯自撰集成』（全4巻）発刊
2014（平26）年	96歳	自宅でのサークル活動継続 子どもの目、千葉中小企業家同友会、埼玉・東京中小企業家同友会、人が育つこと、など。
2018（平30）年	100歳	『百歳の遺言』（中村桂子との対談集、4月） 死去（12月23日）老衰

大田堯の戦争体験――「わかれ道」へのコメント

佐藤広美（日本教育史）

「教育とは何か」を問いつづけてきた大田堯。大田自身の戦争体験を語るこの「わかれ道」は、「教育とは何か」になぜこだわり続けてきたのか、その理由を知ることができる重要な文書である。

大田は、無意識の層に刻印された「一兵士としての戦争体験」こそ、教育とは何かにこだわり続けてきた自分自身の生涯における「隠された転機」であったと語っている（『大田堯自撰集成1』藤原書店、2013年、「総序」）。大田は、なぜ戦争体験にこだわったのか、どのように軍隊と戦場体験を語ったのか。これを解けば、大田堯の「教育とは何か」のこだわりの核心が見えてくる。

「わかれ道」は、『生命《いのち》のきずな』（偕成社、1998年）に収載されている。1998年の時の語りである。大田は、この文章を「苦しまぎれに書いた」と述べている。A君の「自分の生きる道をどう選ぶのか」という問いに答えるためには、「やっぱり捨て身」覚悟で、「もっと切実に自分をまないたにのせ」なければならないと思ったと述べている（『かすかな光へと歩む生きることと学ぶこと』一ッ橋書房、2011年、「中野光氏との対談」より）。「なぜ、勉強するのですか」。A君の手紙に応えるためには、大田は自らの戦争体験を語る以外にない、と心を決めたのだろう。

「わかれ道」より20年前、大田は、一度、自らの戦争体験に踏み込んだ語りを試みている（「戦後の教育と教育学（1）～（10）」『教育』1979年8月～1980年5月。この戦前の部分を『大田堯自撰集成3』に収録している）。大田は、この時、人間というのは、なかなか真実を語り尽くせないとし、何を語るかという選択そのもののなかに虚偽が入ることもあると述べている。戦争体験を語る難しさを意識していたのだと思う。この「戦後の教育と教育学」の語りと「わかれ道」の語りとどこがどう違っているのか、この比較は面白いのではないのか。真実を語り尽くせなかった問題があったに違いない。心残りがあった。あいまいさをなくし、正直に真実に近づく努力を行わなければならない。どうしても認識を深めておかなければならなかった。大田は「わかれ道」で再度、それに挑戦したのだと思う。あきらかに、慰安所の存在に触れるなど戦争体験の認識は深まっており、自分自身の生き方に対する批判はきびしさを増していた。

「わかれ道」は、大きく2つのことが書かれている。兵営の中の軍隊体験とインドネシアのスラウェシ島（当時のセレベス島）における、椰子林の中の戦場体験。

戦争は、人間の肉体だけでなく、魂の圧殺行為をも意味する。大田は、軍隊組織の非人間性をきびしく告発する。同時に、軍隊における魂の圧殺は、一般の人々の日常不断の教育の中にもあったと認識を深めていく。戦闘集団（軍隊）における教育の在り方と国家が国民を大戦争に追い立てた人民教化のための教育とは根を同じくしている、という結論に到達している。

椰子林の戦場体験は、農民兵の生き様を見せつけられて、自らの（特権的な）教養の限界を屈辱感を伴って知ることになる。そして、農民兵の内に、「せっぱつまった厳しい生活の中で、喜びよりもむしろ悲しみのなかを生き抜きながら身につけた知恵」を見抜いていく。教養というものの真の発見。大学で培った教養＝教育への関心は、民心を戦争へとさし向けた教育の考え方と少しも違いはないのではないか、と自分を「戦争への共犯者」ときびしく問いつめていく。こうした諸々の思索一つひとつが興味深い。

最後に。大田の戦争体験の語りで必ずしも十分に見えてこない問題があるのではないか。それは、セレベス島の住民にとって自分達（＝日本軍）はいったい何者であったのか、という問いである。大田の戦争体験の語りは、この「問い」とどのように結びあうのか。この「問い」は、教育とは何かをいかに深めることになるのだろうか。ここはじっくりと考えてみたい、私たちの課題である。

あとがき

大田堯とこの本について

田中孝彦（教育思想・臨床教育学）

大田堯の生涯と仕事

この本の著者の大田堯は、昨２０１８年末の12月23日に、１００歳で亡くなった。

大田は、１９１８年に広島県で生まれ、39年に東京帝国大学文学部に入学、42年に同大学院に進学した。だが、その年に召集され、戦時下の軍隊生活と敗戦後の抑留生活のなかで、生命の危機に直面しながら、事態の意味とそれへの対処の仕方を考えきれない自分自身の問題を痛感した。また、そのなかで出会った農村出身の兵士たちが生活の中で蓄えている生きるための「知恵」を目の当たりにして驚きもした。そうした体験は、その後の大田の生き方と、人間と教育への問いを軸とする思索・研究の歩みを深いところで方向づけることになった。

１９４９年、新たに発足した東京大学教育学部に着任した大田は、そこで77年まで研究・教育にたずさわった。大田がその間の自らの仕事の大筋をふりかえった著書に、『教育とは何かを問いつづけて』（岩波新書、１９８３年）がある。それに記されているように、大田は、50年代初頭に、日本の生活綴方教師たちの教育実践とその中で成長する子どもたちの姿の記録である『山びこ学校』や『恵那の子ども』などに出会い、それらを貫いている「子どもを束にして扱うのではなく、一人ひとりをかけがえのない存在として」受けとめようとする思想に大きな刺激を受けた。

１９６０年代に入って、戦前日本の生活綴方教育などの民間の教育実践や運動の歴史をふり返り、また、柳田国男らの民俗学的研究の蓄積に学びながら、日本の民衆の産育の習俗とそこに含まれている子育ての知恵について光を当てた。さらに、70年代の初頭には、自ら地域の古老からの聴きとり調査を行い、子どもが育つことを「ひとなる」、育てることを「ひとねる」という言葉で言い表していた事実などを知り、その意味に改めて着目した。そして、これらの研究・調査の結果の一部は、『民間教育史科研究事典』(民間教育史研究会/大田堯・中内敏夫編、評論社、1975年)などにまとめられた。

1977年から83年にかけては、山梨県の都留文科大学において、学長として、住民・学生・教職員らと共に、地域に根ざす大学づくりに力を注ぎ、教師教育にとりくんだ。そこでは、動物生態学者の今泉吉晴と出会い、都留の山林に生息するむささびなどと接しながら、動物の生きた姿を知ることを重視していた今泉らの研究と思想、そのフィールド・ミュージアム(「自然博物館」)の構想から示唆を受けた。

また、日本教育学会の会長(1979~91)として、日本の国内の教育研究の交流、中国・韓国など東アジアの諸国の教育関係者との交流に力を尽くした。同時に、教育科学研究会の委員長(1969~83)や、日本子どもを守る会の会長(1988~97)を務めるなど、子ども・若者の生存と学習を支えようとする市民・教職員・研究者らの学習・研究の運動に参加し続け、子どもの生存権・学習権についての理解を人々と共に深めるために力を尽くした。さらに、「家永教科書訴訟」などの教育裁判や教育をめぐる社会問題について、子ども・人々の生存権・学習権・教育への権利を守り発展させる観点から、発言・証言・講演などを行った。

２０１３年から14年にかけて、大田は、それまでの著書、論文、講演・発言の記録などをもとに、『自撰集成』（全４巻と補巻、藤原書店）を編んだ。その第１巻の「総序」では、重ねてきた思索・研究の到達を、「語り言葉」に近い言葉で、次のように表現している。「生命は、自ら変わる力を持っている。」「学習は、生存の欠くことのできない一部である。」「学習の目的は、他者との関わりのなかの自己を知ることにある。」「教育は、子どもの学習の介助の仕事である。」「それは、一対一の響き合いにおいて成立するアートである。」

さらに、『自撰集成』の後に出版された、生命誌研究者の中村桂子との対談集『百歳の遺言　いのちから「教育」を考える』（２０１８年、藤原書店）からは、大田が、１９７０年代に入った頃から、世界と日本の生命科学の展開に関心を向け、すべての生物において生命と学習が切り離しがたく結びついているという事実を確かめ、そこに人間と子どもの生存にとっての学習の本質的な意味の根拠を見出そうとしていたことが、伝わってくる。

改めてふりかえってみると、大田が長い時間をかけて追求してきたのは、子ども・人間が生き育つ過程と、それを支える人々の日々のいとなみにとって、本質的に重要なことを明確にするための「言葉」を、人々と共に練り上げようとする仕事であったと言ってよいように思われる。私は、「『自撰集成』の反復・重複の多さをどう考えたらよいか？」と尋ねられたことがあるが、それも、そうした大田の仕事の特徴と関係があるように思っている。

本書とその構成

大田は、私にとっては、1960年代の末に子ども・教育についての学習・研究を大学院で始めた頃からの師の一人であった。その大田からときどき電話をもらうようになったのは、第一次安倍内閣の下で教育基本法が改められた2006年前後の頃からのことである。そして、その内容は、時代と社会の状況や子どもと教育の問題について、大田自身が感じ考えていることを語り、その意味を自ら確かめているように感じられるものが多かった。そうした電話の回数は、その後、徐々に増えていった。

昨年の9月21日、「少し話しておきたいことがあります…」という電話を受けて、私は、浦和の大田宅を訪ねた。その折、大田は、「生き物の生存は学習とともにある」というテーマで、用意されたメモをもとに、一時間半ほど語った。その後、その記録に、大田自身が手を入れ、その少しの整理の作業に私も加わった。その過程で、大田からは、この語りの記録を含んで、とくに教育の実践と研究にたずさわる人々に、また若い世代の人々に届くような、コンパクトな出版物をつくれないだろうかという想いが伝えられた。そして、私は、そうした出版物をどのような内容と構成のものにすればよいか、大田と相談を何度か行うことになったのである。

そのなかでは、まず、その出版物には、この「生き物の生存は学習とともにある」という文章とともに、大田が自らの人間研究・子ども研究・教育研究の歩みとその到達を全体的にふりかえって語った大田自身の語りの記録である、「子どもの生命と戦後教育学」（２０１３年12月17日。教育科学研究会編『戦後日本の教育と教育学』所収、２０１４年10月15日、かもがわ出版）を加えることになった。

次に、「一つの学力論――きき上手ということについて」、「〝せっかち〟について考える――今を生きる時間を求めて」の２つを、教育実践と教師についての大田の思想を伝える文章として、また、大田の子ども論・教育論を貫く「人間的時間」の思想とも呼ぶべきものを表現した文章として含めることを提案し、大田の同意を得た。なお、この問題に関わっては、『問』と『答』の間――教育の危機について考える」（『教育』国土社、1965年10月号）も収録したいと考えたが、その主な内容については上記の2論文やインタビューの記録でも触れられているので、割愛することにした。

さらに、大田の思索・研究が、同時代の子ども・人々の生活と、教育・教師のありかたに大きな影響を与える時々のできごとを直視しつつ行われたものであることを伝える資料として、「家永教科書訴訟」、「国歌斉唱義務不存在確認訴訟」、「子どもの権利条約」の発効、「教育基本法」の「改正」、「秘密保護法」の制定などの動きについての意見・発言のいくつかも、本書に含めることにした。それらについては、大田自身からも情報を得た。

大田が亡くなったのは、この出版物のおおよその構成がこのようにほぼ固まって間もなくのことであった。知らせを受けて、私は、この本の出版そのものをどうしたらよいかをもう一度考えないわけにはいかなかったが、そのなかで大田の『生命のきずな』（1998年12月、偕成社）という著書を読み返してみた。

大田は、この本の冒頭の「はじめに――わかれ道」という文章に込めた思いをふり返って、

『教育』1999年11月号に掲載された中野光との対談「かかわりのなかで生きるために――『生命のきずな』をめぐる対話」において、次のように語ったことがあった。

「…私自身を語ることで、この青年の問いに応えるという、そういう思いで戦争体験…を書いたんです…。戦争体験を伝えることが大事だということもあったけれど…、もう出さざるをえなかったという感じですね。…しかも私があの青年に『応える』ということは最後まで維持したいと思っていて。教訓をたれることであってはならないと…。」

『生命のきずな』の冒頭のこの部分に、子ども・若者たちとともに生き方を考えようした大田の思想が凝縮されているように改めて強く感じて、大田と相談することはもうできなかったが、「わかれ道――A君へ」というタイトルで、それを本書の冒頭に置くことにしたのである。

戦後日本の教育学の一つの到達として

今、私のなかに浮かんでいるのは、生存・学習・教育についての私たちの思想を深めていくために、大田の思索・研究の蓄積の全体を、戦後日本の教育学の重要な試み・到達の一つとして、「異世代」で読みあいふり返りあえないかという想いである。本書の出版が、その手がかりとなることを願っている。

なお、佐藤広美さん（日本教育史、教育科学研究会副委員長）には、本書出版の直接のきっかけとなった大田の語りの機会に聴き手の一人として同席してもらい、本書編集への協力と、大田堯略年譜の作成、「大田堯の戦争体験――『わかれ道』へのコメント」の執筆をお願いした。

画家の津田櫓冬《ろとう》さんには、本書の装画をお願いした。装丁は、デザイナーのコダシマアコさんにお世話になった。また、かもがわ出版のみなさんには、多くの御苦労をおかけした。心から感謝している。

2019年4月

◉田中孝彦〔たなか・たかひこ〕

1945年生まれ。元北海道大学教授、元武庫川女子大学教授。専門は、教育思想・臨床教育学。日本臨床教育学会会長。主要著書に『生き方を問う子どもたち』『子ども理解　臨床教育学の試み』（以上、岩波書店）、『子どもたちの声と教育改革』（新日本出版社）、『子ども理解と自己理解』（かもがわ出版）など。

◉佐藤広美〔さとう・ひろみ〕

1954年生まれ。東京家政学院大学教授、教育科学研究会副委員長、日本植民地教育史研究会代表。主要著書に、『3・11と教育改革』（共編書、かもがわ出版）、『植民地支配と教育学』（皓星社）、『「誇示」する教科書』（新日本出版社）など。

初出・底本一覧

〔　〕内は原題

Ⅰ　私の人生選択

「わかれ道――A君へ」

『生命のきずな』偕成社、1998年〔はじめに――わかれ道〕

Ⅱ　教師の仕事を考える

一つの学力論――きき上手ということについて

初出：教育科学研究会編『教育』国土社、1968年7月号

のち、『学力とはなにか』国土社、1969年

底本：『自撰集成4』藤原書店、2014年

〝せっかち〟について考える――「いま」を生きる時間を求めて

初出：教育科学研究会編『教育』国土社、1987年8月号〔〝せっかち〟について考える――現代社会の不安と希望と教育と〕

底本：『自撰集成2』藤原書店、2014年

真理はこれだと権力者がいうことはできない――国家の『学習指導要領』による拘束は公教育の原理に反する

初出：『ひと』編集委員会編『学校や家庭で、「日の丸・君が代」をどう教えるか』太郎次郎社、1989年〔国家による指導要領の強制は公教育の原理に反する〕

底本：『私と家永教科書裁判』一ツ橋書房、1994年

Ⅲ　時代のなかで

良心の自由を求めて――『日の丸』『君が代』を強制してはならない

初出：教育科学研究会編『教育』国土社、2006年1月号〔【意見書】良心の自由を求めて〕

底本：『証言　大田尭――良心の自由を求める』一ツ橋書房、2006年

地球規模の子どもたちの憲法――子どもの権利条約の発効にあたって

初出：日本子どもを守る会編『子どものしあわせ』草土文化、1994年10月臨時増刊号

教育基本法に思う

初出：教育科学研究会編『教育』国土社、2006年7月号

被害受けるのは子ども――特定秘密保護法案への反対表明

初出：「朝日新聞」2013年12月6日付朝刊

Ⅳ　生存・学習・教育の思想

インタビュー「子どもの生命と戦後教育学」

初出：教育科学研究会編『戦後日本の教育と教育学』（講座　教育実践と教育学の再生　別巻）かもがわ出版、2014年

生き物の生存は学習とともにある　書き下ろし

装画◉津田櫓冬〔つだ・ろとう〕

装丁◉コダシマ・アコ〔こだしま・あこ〕

大田堯　いのちと学びの言葉

2019年5月20日　第1刷発行

編　者　田中孝彦
発行者　竹村正治
発行所　株式会社　かもがわ出版
〒602-8119　京都市上京区堀川通出水西入
TEL 075-432-2868　FAX 075-432-2869
振替　01010-5-12436
ホームページ　http://www.kamogawa.co.jp
印刷所　光陽メディア
ISBN　978-4-7803-1023-8　C0037